U0441576

青鸟童书
只做对得起时间的书

北京科技大学　北京科学学研究中心　专家审定

（排名不分先后）

王道平教授　于广华教授

徐言东高级工程师　孙雍君副教授　卫宏儒副教授

芮海江副教授　韩学周副教授　杨丽助理研究员

| 全景手绘版 |

孩子读得懂的
全球简史

◎ 杨牧之 著 ◎ 王淼 绘

北京理工大学出版社
BEIJING INSTITUTE OF TECHNOLOGY PRESS

图书在版编目（CIP）数据

孩子读得懂的全球简史 / 杨牧之著 ; 王森绘. -- 北京 : 北京理工大学出版社, 2022.10

ISBN 978-7-5763-1682-7

Ⅰ. ①孩… Ⅱ. ①杨… ②王… Ⅲ. ①世界史—少儿读物 Ⅳ. ①K109

中国版本图书馆CIP数据核字（2022）第163351号

出版发行 / 北京理工大学出版社有限责任公司
社　　址 / 北京市海淀区中关村南大街 5 号
邮　　编 / 100081
电　　话 / （010）68914775（总编室）
（010）82562903（教材售后服务热线）
（010）68944723（其他图书服务热线）
网　　址 / http: //www.bitpress.com.cn
经　　销 / 全国各地新华书店
印　　刷 / 唐山才智印刷有限公司
开　　本 / 787 毫米 × 1200 毫米　1/12
印　　张 / 7.5
字　　数 / 120千字
版　　次 / 2022 年 10 月第 1 版　2022 年 10 月第 1 次印刷
定　　价 / 88.00元

责任编辑 / 李慧智
文案编辑 / 李慧智
责任校对 / 刘亚男
责任印制 / 施胜娟

目录

神秘宏大的史前文明

500 万年前—前 5000 年

人类到底是怎么诞生的，是由古猿进化的，还是由神创造的？是来自陆地、海洋，还是天空？神是外星人，还是人类先祖脑洞大开的艺术创作？人类的起源之谜，迄今为止，依旧是让我们好奇探究的神秘命题。今天就让我们用一种活泼轻松的方式，重新追溯人类的起源，共同揭开远古时期人类活动的神秘面纱！

·夏娃·
世界上第一个女人。
她原本和亚当生活在伊甸园，
后来受到蛇的诱惑，
偷吃了禁果，被上帝赶出了伊甸园。
·亚当·
在西方传说中，亚当是上帝创造出
来的第一个人类，后来上帝
用亚当的肋骨又创造出了世
界上第一个女人——夏娃。
·建筑·
上古时候，人们大多住在
洞穴里，后来人们用树枝、
石块、兽皮等材料盖房子，
那时的房子形状像“个”字。
·图腾崇拜·
原始人认为图腾是祖先、保护者、亲人，
有着强大的能力，
因而崇拜它，甚至畏惧它。
·金字塔·
公元前 3100 年左右，古埃
及国家建立，统治者为自己修
建陵墓，这些陵墓的外形像汉字
“金”字，所以中文名叫金字塔。
·歌舞·
人类敲击木块或石头，
随着响声扭动身体，形成了歌舞。
人们经常在祭祀、狩猎、
聚会等活动时唱歌跳舞。

世界各地神话传说中关于创世的记载

世界各地不同的文明中，口口相传的创世神话各种各样。
但它们也有相似的元素，即都和神、巨人或妖、魔等虚构的非自然力量有关。

古代墨西哥——阿兹特克族神话：传说地球母亲叫科特利卡尔，意思是“蛇裙”。她在体内注入一把黑曜石刀后怀孕生育了月亮女神科由尔齐圭，后来又生育了400个儿子，变成了南部天空的群星。她还生育了战争和太阳之神胡特兹罗普特利。

犹太《圣经》和基督教《圣经》——创世记：最早的时候世界是空白的。上帝在前6天创造了天空、陆地、行星、太阳和月亮，以及包括人类的所有动物。第7天时，上帝休息并看人类在陆地上的生活。

日本——地球孤岛传说：传说天神创造出了一对兄妹，哥哥伊奘诺尊和妹妹伊奘冉尊，他们站在原始海洋的漂浮桥梁上，用天神的珠宝长矛在原始海洋中搅拌形成了原始海洋的第一个岛Onogoro。兄妹二人在岛上结婚生子，用天神的珠宝长矛在海洋中创造了日本岛和许多神灵。

巴比伦——魔力女神造天地：阿普苏和蒂马特生育了众神，但众神很吵闹，让阿普苏和蒂马特无法入睡，阿普苏和想要杀死这些孩子，但被长子伊阿杀死，后来蒂马特的身体也被撕成两半，形成天与地。

诺亚方舟和大洪水传说：传说上帝打算发动一场大洪水。为了保护诺亚一家以及世界上其他生物，在上帝的引导下，诺亚用了120年时间制作出一艘可以装下世界上所有生物的大船——诺亚方舟。

印度——宇宙论：印度传说中，巨大的神灵普鲁沙有几千个头、眼睛和脚，手指可以延伸到没有边际的地方。天神祭拜他时，他的身体上出现了黄油，黄油变成了鸟类和动物，身体变成了世界万物。

中国
神话——远古时期，人类对世界还不是很了解，会把看到的东西想象成有特殊能力的人或神。
人类创造出神话，也并非凭空想象，所根据的是劳动中的感受和期待。
所以说，神话是从劳动中产生的。
·盘古·
相传很久以前，天地原本没有分开，后来盘古用斧头劈开了天地，用身体支撑着天与地，让他们不再合拢。天地形成后，盘古也累倒了，他的汗水变成了雨水，血液变成了江河，皮肤变成了大地，双眼变成了日月。
·燧人·
点燃了华夏民族的生命之火，他教会人们用火取暖，烤熟食物，赶跑野兽。
·伏羲·
教会了人们打猎捕鱼，解决了大家的温饱问题。他还发明了乐器，带领大家走出荒蛮时代。
·神农·
发明了粮食的种植方式和耕种的工具，他还尝遍几百种药草，教人们用药草治病。
·仓颉·
相传仓颉是黄帝的史官，他从动物脚印、天上的星星、大山大河的形状中受到启发，创造了中国最早的文字—象形文字。
·黄帝·
打败了蚩尤，统一了华夏。他还发明了车子、船、衣服等，传说他死后乘着金龙上天做了神仙。
·尧帝·
发明了酒、围棋和历法，传说他是赤龙的后代，所以中华民族也称作龙的传人。
·颛顼·
打败了共工，成为炎黄部落的首领。颛（zhuān）顼（xū）发明了日历并推算出了春夏秋冬四时节令。
·大禹·
传说尧舜时期大洪水暴发，大禹带领大家和洪水斗争。治水成功后，又划定了九州。
·舜帝·
中华道德文化的鼻祖，将人类由野蛮推向文明时代。舜命大禹治水，后传位给大禹。

从母系社会到父系社会

最早的时候，人类以母亲血缘为纽带群居生活，同一个氏族的人平均分配食物、衣服，并拥有自己的语言和文字。由于男性渐渐成为生产活动中的主要劳动力，地位上升，氏族族长由女人变成男人，母系社会也过渡到父系社会。

母系社会

男性地位上升

父系社会

· 古埃及第一王朝建立 ·

古埃及人民大多生活在尼罗河畔，
渐渐地在尼罗河两岸形成了两个强大独立的王国
——北部的下埃及王国和南部的上埃及王国。
公元前 3100 年左右，
上埃及王国的国王美尼斯打败了下埃及王国，统一了古埃及，
建立了古埃及第一王朝。

· 苏美尔文明 ·

生活在两河流域的苏美尔人通过开渠引水灌溉农田，
成功地完成了从新石器时代的部落文化
到文明的过渡，
从而在美索不达米亚南部创建了第一代文明。

· 楔形文字 ·

苏美尔人用削好的芦苇秆在半干的泥板上写字，
用来记录账目，这些笔画很像楔形，
所以叫它楔形文字。

史前第一城——良渚古城

1936 年，良渚（zhǔ）古城被发现，是长江下游地区首次发现的新石器时代城址。它以规模宏大的古城、功能复杂的水利系统、分等级墓地（含祭坛）等一系列相关遗址，见证着中国历史的变迁。

·神人兽面纹·
是良渚先民共同尊奉的地位最高
乃至唯一的神。
·玉琮·
良渚文化最重要和最具代表性的玉器器物。
内圆外方的器型，
蕴含“天圆地方”的原始宇宙观。
·良渚古城外围水利系统·
是迄今所知中国最早的大型水利工程，
也是世界最早的水坝系统（并不是最早的水坝），
距今已经有 4700 至 5100 年。

时间轴

❶约 3500 万年前 ~3000 万年前： 在埃及法雍附近，出现了现知的最早的古猿。

❷约 300 万年前 ~270 万年前： 早期猿人出现。早期猿人又叫“能人”，被认为是最早的人类。

❸约 155 万年前 ~30 万年前： 晚期猿人出现。晚期猿人又叫“直立人”，他们可能已经产生了语言。

❹约 70 万年前 ~20 万年前： 周口店人生活在北京附近。

❺约 25 万年前 ~4 万年前： 早期智人出现。早期智人分布广泛，属于人类社会发展史上的原始公社时代。

❻约 5 万年前 ~4 万年前： 晚期智人出现，人类种族开始形成。

❼约 1.8 万年前： 山顶洞人开始氏族社会生活。

❽公元前 6000 年左右： 半坡人生活在黄河流域，是最早种植粟的原始人。

❾公元前 4000 年左右： 大汶口居民生活在山东附近。

埃及九柱神的现代生活

在远古祖先们的心中，神是掌管人类力量无法企及的各种神秘自然现象的使者。

然而随着现代社会科技生产手段的进步，那些在人类心中神秘而强大的神，他们的生活也发生着翻天覆地的变化……

自从全球人口骤增开始，我就再也不敢随便流眼泪了，提前迎来了退休生活。

我的降雨日程每天都排得满满的，“996”也不过如此啊！人类的大肆生产、各种化学污染导致气候变暖，好多地方大旱等着降雨……

我管理着人间的真理、正义和秩序，可是人类现在太会玩了，什么互联网、二次元，各种神逻辑……我已经 out（落伍）了，每天都陷入他们的逻辑怪圈里，对错不再那么容易判断了。

晕，又一队荒漠求生探险队需要营救，真是麻烦啊……耽误我睡美容觉！

唉，最近我的客户——亡灵小可爱们又生气了，随着空气污染越来越严重，我给他们提供的空气、水和食物质量都不达标，他们不仅拒绝付款还要举报我！但这也不是我的错啊！

人类都去研究无土栽培和科学种植了，我的庄园全都荒废了，唉，寂寞……

我不想再掌管地震了！人类有那么多的搞笑段子，我上次不小心听到了一段相声，结果……刚一笑就地震了……

说了多少遍了，我不是圣母玛利亚！为什么还总是乱用我的照片？我要举报他们，侵犯我的肖像权！

今天又有一百万套房子开始建设，即使 24 小时加班也忙不完啊……救救孩子吧！我急需助理！

·古巴比伦文明·

诞生在两河（底格里斯河和幼发拉底河）流域。
公元前 1894 年，古巴比伦王国建立。
据《圣经》记载，诺亚的后代决定联合兴建高耸入云的通天塔。
上帝为了阻止人类的通天计划，划分出了不同的语言，
让人们不能再无障碍地交流。
通天塔又叫巴别塔，
就是古巴比伦王国的一座高塔。

·荷马时代·

又叫黑暗时代。那时人们为了结束战乱，
寄希望于强大的神明，希腊神话在这一时期开始形成。
盲诗人荷马将这些民间传说收集整理，
创作出伟大文学作品《荷马史诗》，
其中最出名的就是特洛伊之战中木马攻城的故事。

·米诺斯文明·

发源于希腊爱琴海地区，
是欧洲最早的古代文明，城邦建立在海边，
人们以海上贸易为生，
那时期这里的王宫建筑、壁画、陶艺、工艺品等
精美程度已达到巅峰。

·古印度文明·

最早起源于印度河流域文明，
后被雅利安人入侵，
建立了恒河流域文明，
这两部分文明共同组成了古印度文明。
古印度是佛教的诞生地，
有趣的是，“印度”这个词是由唐代玄奘所译哦！

2 奴隶制时期古国的兴衰

前 2500 — 前 800 年

· 华夏文明 ·

起源于公元前 21 世纪，
当时中国建立了第一个统一的王朝——
夏朝，华夏文明从此由部落向国家过渡，
有着独一无二的
古汉语、礼乐制度、《易经》八卦等文化传承。

· 奥尔梅克文明 ·

是目前已知的最古老的美洲文明，
它起源于墨西哥湾沼泽凹地的一个小村落，
那里的人们创造了独特的象形文字，
还留下了许多神秘古怪的巨石头像。

强盛的古国

我们古埃及有很多巨大神秘的建筑，到今天还有很多人猜测是外星人建造的呢！

我们古印度喜欢专心搞事情，一不小心就建造了摩亨佐·达罗城……又一不小心，就把它炸掉了，嘿嘿嘿。

我们古巴比伦也有神秘建筑！拿我来说吧，可是古巴比伦人民和神明抗争的重要标志！

世界四大文明古国——古印度、古巴比伦、古埃及和中国。

这四个古国拥有规模宏大的城市、独一无二的建筑风格、专属的文字和宗教……出现了阶级划分及统治者和被统治者。

古巴比伦王国： 公元前1894年建立，一开始只是依附于邻国的小邦，后来第六代国王汉谟拉比统一了两河流域，颁布了著名的《汉谟拉比法典》，建造了巴比伦古城墙和通天塔，古巴比伦至此繁盛强大起来。

古印度： 古印度文明最具代表意义的城市是摩亨佐·达罗城，这座城池的建立，标志着古印度迈入文明的门槛。公元前18世纪，摩亨佐·达罗城遭到破坏性毁灭，曾经繁荣的城市变成了后人传说的“死亡之丘”。关于这座城市的毁灭之谜，根据印度史诗《摩诃婆罗多》的描述，摩亨佐·达罗城似乎毁于一场史前核爆炸。

古埃及： 世界上最早进入奴隶制社会的帝国。

古埃及给人类留下了很多神秘的文化遗产：狮身人面像、胡夫金字塔、法老拉美西斯二世的巨型石像、阿布辛贝神庙……

夏桀暴虐奢靡，百姓生活艰苦。

中国的古文明以《诗》《书》《礼》《乐》《易》《春秋》六经为文明源泉，随着朝代更迭，不断创造出新的文化、礼仪、政治等制度，拥有蓬勃持久的生命力，不仅是世界上最古老的文明之一，更是世界上存续时间最长的文明。

世界四大文明古国，还要数我最厉害！几千年来，都没有因为战争而消失，是世界上唯一延续至今的文明呢！

夏朝：约公元前 2070 年，禹传位于益，但益让位给了禹的儿子启，禅让制至此退出历史舞台，“家天下”的世袭制开始。夏朝建立了规模大、等级高的城池，还铸有青铜和玉制的礼器，共延续了四百余年，直到暴君夏桀（jié）执政，才被商汤所灭。

商朝：约公元前 1600 年由商汤建立，商汤灭夏后，定国号为“商”。商朝是第一个有直接文字记载的王朝，延续五百余年。商朝前期叛乱不断，直到经历了五次迁都后，才实现了稳定发展。

姬昌恭请姜子牙

周朝：商末，商纣王大兴土木，建造酒池肉林，天下民不聊生。周文王姬昌为救百姓，招揽姜子牙等贤才谋士，筹谋灭商。最终，周文王的儿子姬发成功推翻了商朝的统治，于公元前 1046 年建立了西周。

绚烂的文化

在这一时期，各个古帝国除了依靠强大的武力树立权威外，在礼仪、诗歌、历法、文字、技艺等文化方面也留下了绚烂璀璨的文明。

其实我就是个普通人，为了讨生活只能四处流浪。路上听到了很多有趣的传说故事，我就忍不住把它们都记录了下来，真没想出名呢。

盲诗人荷马

我是古巴比伦王国的第六位王，我最骄傲的成绩是制定并颁布了伟大的《汉谟拉比法典》！

汉谟拉比

虽然我没有前两位那么有名气，但我也不是普通人。我是游泳健将、造船好手。他们征服陆地，大海就交给我来征服吧！

腓尼基人

《荷马史诗》： 是盲诗人荷马根据当时希腊民间口口相传的神话、歌谣、天地起源、历史未来等传说编写而成，分为《伊利亚特》和《奥德赛》两部长篇史诗，它在西方文学史上一直享有最高的地位。除了文学价值极高外，它还是古希腊公元前 11 世纪到公元前 9 世纪的唯一文字史料。

希腊雕刻与建筑： 古希腊人非常重视城邦的建设和对神的祭祀，所以他们在建筑和雕刻方面成就非凡。古希腊的代表建筑是神庙，一般主体为长方形，周围是圆形柱廊。其柱式风格分为多立克柱式、爱奥尼柱式、科林斯柱式三种。

《汉谟拉比法典》： 由古巴比伦第六位国王汉谟拉比制定并颁布的282条法律规定，其目的看似是维护社会秩序，实质上是维护私有制和奴隶主阶级的利益。这部法典被刻在一根两米多高的黑色玄武岩石柱上，因此也被叫作《石柱法典》。

腓尼基字母： 公元前 1000 年左右腓尼基人以古埃及象形文字为基础，“设计”出了 22 个腓尼基字母，这 22 个字母成为世界字母文字的开端。

多立克柱式建筑：帕特农神庙

爱奥尼柱式建筑：胜利女神神庙

科林斯柱式建筑：宙斯神庙

这一阶段的我拥有无限的活力和创造力！农耕、畜牧、手工、艺术，看我的！！

商朝农耕和畜牧： 商朝时期可以耕种的田地都归贵族所有，再由贵族雇佣农户替其打理。畜牧业也迎来飞速发展，除了驯养家畜外，还出现了驯象和淡水鱼的养殖。

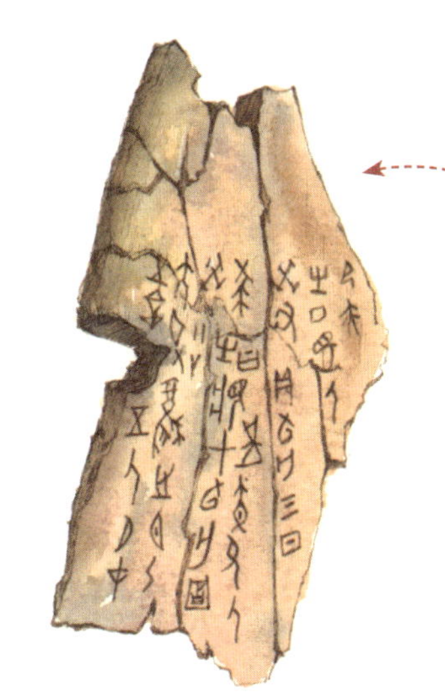

甲骨文： 中国最早的成熟文字。商朝晚期，王室贵族们遇到大事会进行占卜，占卜师将占卜的内容和结果刻在龟甲、兽骨上，甲骨文因此而得名。

染织： 商代服饰都分为上下两段，上着衣，下穿裳，这便是“衣裳”的由来。商朝时期，染织品、刺绣品这类高级服饰只有奴隶主阶级可以享有，而普通民众大多穿麻布、葛布制成的衣物。

青铜器： 商朝时期的青铜器冶炼与制造技术都相当成熟，各种礼器、酒器、餐具都做得十分精美。新铸造的青铜颜色其实是金闪闪的，只不过用久了会产生青绿色的铜锈，于是有了“青铜”这个名字。

大禾人面方鼎： 商代晚期铜器，是中国目前唯一以人面纹为饰的青铜鼎，是我们研究古代风俗和审美的重要资料。

后母戊鼎： 商代晚期铸品，是已知的中国古代最重的青铜器。它代表了高度发达的商代青铜文化。

时间轴

约公元前 2300 — 前 1700 年： 古印度哈拉帕文化时期。

约公元前 2070 — 前 1600 年： 大禹治水成功，夏朝成为中国第一个世袭制朝代。

约公元前 2000 年： 爱琴海地区迈锡尼文明出现。

公元前 1894 — 前 1595 年： 古巴比伦王国的建立与兴衰。

公元前 1776 年： 古巴比伦国王汉谟拉比颁布《汉谟拉比法典》，是世界上出现的第一部比较完备的成文法典。

约公元前 1600 年： 商汤灭夏，商王朝建立。甲骨文出现。

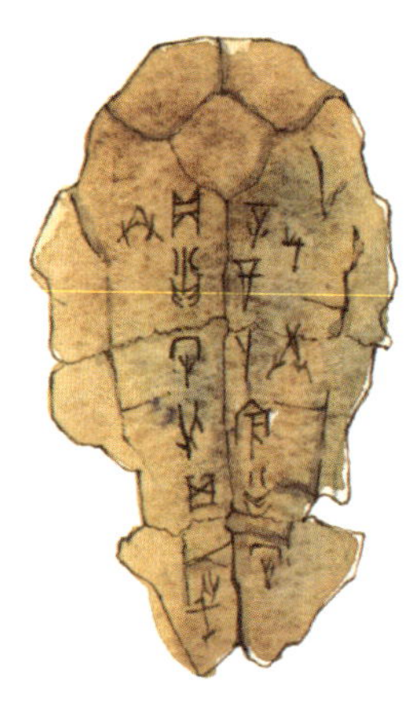

公元前 11 世纪 — 前 8 世纪： 希腊退回到原始社会阶段——荷马时代。

公元前 1046 — 前 256 年： 中国第三个奴隶制王朝周朝时期。

公元前 935 年： 亚述帝国建立，进入铁器时代。

烽火戏诸侯新说

褒（bāo）姒（sì）是周幽王的第二任王后。褒姒天生不爱笑，这反而激起了周幽王的兴趣，当时的佞（nìng）臣虢（guó）石父便给周幽王出馊主意，提出点燃烽火，让诸侯都率兵赶来，看到诸侯们千里奔波又被戏耍的模样，一定可以博褒姒一笑。周幽王听信谗言，最终导致失去诸侯的信任，走向灭亡。

这就是《史记》中记载的烽火戏诸侯的故事。

※ 烽火： 古代敌寇侵犯时的紧急军事报警信号。烽火燃起，表示国家出现战事。

被告，原告现在状告你是祸水。由于被你哄骗，他才做了一堆荒唐事，导致灭国，你可认罪？

法官大人，我太冤枉了！这口黑锅我都背了几千年了，但真相是——他贪婪懒惰，不学无术，还重用奸臣，百姓早就怨声载道了。小女子早有婚配，是被他强抢进宫的！失去了爱情和自由，我怎么笑得出来？！

你胡说！寡人当年对你不好吗？为了你，寡人点起烽火，戏耍那些憨憨诸侯们，你不是也笑了吗？

大王，没想到几千年过去了，你还是这么……幼稚。她会笑，是因为知道你终于要完蛋了，她快要自由了。

父王，事到如今我们也不瞒你了。褒姒姐姐早就和我们暗中合作了，我们的目的就是携手推翻你的昏政！

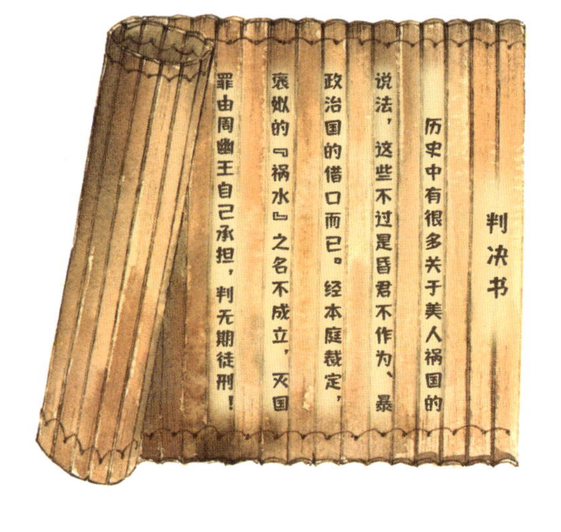

判决书

历史中有很多关于美人祸国的说法，这些不过是昏君不作为、暴政治国的借口而已。经本庭裁定，褒姒的『祸水』之名不成立，灭国罪由周幽王自己承担，判无期徒刑！

3 古帝国的对外征战和发展

前 800 — 前 200 年

这是一个烽火四起、战火连天的时代，帝王们不断地征战扩张领土，强大的国家更加繁荣强盛，而弱小国家的命运只有被侵略。和平安宁的普通生活，成为百姓们最奢侈的憧憬。

· 亚历山大征服埃及 ·

公元前 334 年，马其顿国王亚历山大对东方波斯等国开启侵略征战，
即历史上的亚历山大东征。
两年后，由于埃及人民长期受到波斯人的压迫，
所以亚历山大不费吹灰之力就轻松征服了埃及。
亚历山大先后征服了波斯、埃及、小亚细亚、两河流域，
建立起了横跨欧、亚、非三洲的亚历山大帝国。

· 印度孔雀王朝 ·

约公元前 324 年建立，
因创建者旃（zhān）陀罗笈多出身于饲养孔雀的家族而得名。
据说，旃陀罗笈多还打造了一支特色军队——象军。
他的孙子阿育王前半生不停征战，将孔雀王朝变成了帝国。
阿育王的后半生则皈依了佛教，
并将佛教推广到了全世界。

· 安息王朝 ·

又叫帕提亚帝国，建于公元前 247 年，
是由游牧民族帕奈人建立的。
安息王朝的建立和强盛，
有效抵御了罗马对东方的入侵，
双方战争僵持了近 200 年。
“安息”一词源自中国古代典籍，
是中国古代政权当时对它的称呼。

· 波斯帝国侵略希腊 ·

波斯帝国在强盛后侵略吞并周边，
最出名的是侵略希腊城邦的系列战争，被称为希波战争。
希波战争是历史上著名的以少胜多的战役。
战争胜利后，
士兵斐迪庇第斯负伤跑了两天把消息传回雅典，
自己力竭而亡。
1896 年第一届雅典奥林匹克运动会上设的
马拉松项目就是为纪念他而设。

这个时期是中国历史上的大分裂时期。

公元前 770—公元前 476 年，史称春秋时期。这一时期周王势力减弱，诸侯都生出了称霸的野心，并有了历史上著名的春秋五霸。

公元前 475—公元前 221 年，史称战国时期。以韩、赵、魏推翻智氏，三家分晋为起始，拉开了诸侯争霸的战乱时代。

其中“春秋”一名取自鲁国史官所编《春秋》；“战国”一名取自西汉刘向所编订的《战国策》。

·秦始皇统一中国·

公元前 230 年，
秦王嬴政开始了长达 10 年的远交近攻，
逐个击破韩、赵、魏、楚、燕、齐六国，完成统一大业。
公元前 221 年，
嬴政建立大秦帝国，史称“秦始皇”。
秦朝是中国历史上第一个统一的中央集权的封建王朝，
而秦始皇则是中国历史上第一个使用“皇帝”称号的君主。

·秦长城·

战国时期，
为了抵御匈奴，秦、赵、燕三国都修建过长城。
秦始皇统一六国后，
为了防止匈奴南下，命人将这三段长城重修并连了起来，
史称秦长城。

著名的帝国建筑

强盛的帝国统治者们积极修建代表着权力和地位的建筑，这些建筑或成为政治中心，或成为祭祀中心，还有的则作为重要的商业贸易中心，一直留存至今。哦，对了，还有一栋见证绝美爱情的浪漫建筑呢！

罗马城：古罗马的都城，欧洲最古老的城市之一，因为它建在七个山丘上，所以又叫七丘之城。罗马城是当时繁华的大城市，有大量的公共建筑，尤其到了晚上，不仅有各种商队进城，人们还会去角斗场、公共浴池等地方消遣娱乐。

新巴比伦空中花园：传说是公元前6世纪巴比伦王国尼布甲尼撒二世为其患思乡病的王妃安美依迪丝修建。空中花园采用立体造园手法，因园中种植各种花草树木，远看犹如花园悬在半空中，由此得名空中花园。

现代考古证实巴比伦空中花园位于巴比伦以北300英里[①]之外的尼尼微，其建造者是亚述王辛那赫里布。

①1英里≈1.61千米。

长城和兵马俑都是举世瞩目的文化遗产，虽然它们诞生的时间不同，功能不同，地理位置不同，但提起这两个伟大的成就，大家都会第一时间想到秦始皇。

秦始皇统一天下后，开始建造和修缮战国长城，于是才有了“万里长城”之称。

秦兵马俑，是秦始皇下令制造的以俑代人殉葬的陪葬俑。

兵马俑：位于陕西省西安市临潼区的秦始皇陵，1974 年被发现，其中包括 8000 多名军士、130 架战车和 670 匹战马，这些俑被赋予了守卫秦始皇陵寝的任务。秦兵马俑在刚出土的时候可不是现在灰突突的模样，那时候的兵马俑都有着鲜艳和谐的彩绘，十分漂亮。但是出土后由于接触到空气被氧化，颜色很快化作白灰。我们只能从残留的彩绘痕迹上一窥它们曾经的精致鲜活了。

长城：是中国也是世界上修建时间最长、工程量最大的一项古代军事防御工程。自西周时期开始，延续不断修筑了 2000 多年，总计长度达 2 万多千米，分布于现在的 15 个省市。长城可不仅仅是一道墙哦，而是以墙为主体，结合了大量的敌楼、烽火台、关城等防御工事，所以才能发挥军事防御的作用。在秦长城修建过程中，还有一个凄美的爱情传说，就是家喻户晓的“孟姜女哭长城”。

古代先贤和他们的成就

苏格拉底

公元前469—公元前399年，是西方哲学的创始人之一。苏格拉底提出了一个新神，他是道德善、智慧真的源泉：宇宙理性的神。因为这一主张，被雅典法庭以侮辱雅典神等罪名判处死刑。当时苏格拉底曾获得逃亡的机会，但他为了维护雅典法律的权威，选择饮下毒汁而死。

柏拉图

公元前427—公元前347年，古希腊伟大的哲学家，是苏格拉底的学生，他的主要著作有《理想国》《法律篇》《斐多篇》，其哲学思想非常丰富，其中就包括有名的柏拉图式爱情。

亚里士多德

公元前384—公元前322年，是柏拉图的学生，百科全书式的科学家。亚里士多德的著作构建了西方哲学的第一个广泛系统。马克思曾称亚里士多德是古希腊哲学家中最博学的人物。

阿基米德

公元前287—公元前212年，被称为“力学之父”。为保卫国家，他利用杠杆原理制造了一种叫作石弩的抛石机，能把大石块投向罗马军队的战舰；还利用镜子反射阳光的原理，烧毁了罗马人的船帆。他曾说过：“给我一个支点，我就能撬起整个地球。”

梭伦： 约公元前640—约公元前558年，古代雅典的政治家、立法者、诗人，是古希腊七贤之一。他曾佯装疯癫在雅典中心广场上吸引百姓，然后大声朗读自己的诗篇，来唤醒雅典人的爱国热情。梭伦执政后开始制定法律，并进行了著名的梭伦改革。

这一时期中国的历史人物实在太多，百家争鸣，诸侯争霸，不管是文化名人，还是政治家、军事家，都让人眼花缭乱。为了可以抢出境，大家挤破了头，最后有五位特别的幸运儿中签——大家一起来看看吧！

勾践：春秋时期越国君主，战败后，曾做过吴王夫差的奴隶。归国后，他睡在柴草上，吃饭前要尝一尝苦胆，时刻提醒自己要发愤图强，最终灭了吴国。因此有了著名的“勾践卧薪尝胆”的典故。

孙子：春秋时期吴王身边的重臣，他创作的《孙子兵法》是中国现存最早的兵书，也是世界上最早的军事著作。早于德国军事理论家克劳塞维茨的《战争论》约2300年，被誉为“兵学圣典”。《孙子兵法》共有6000字左右，一共13篇。

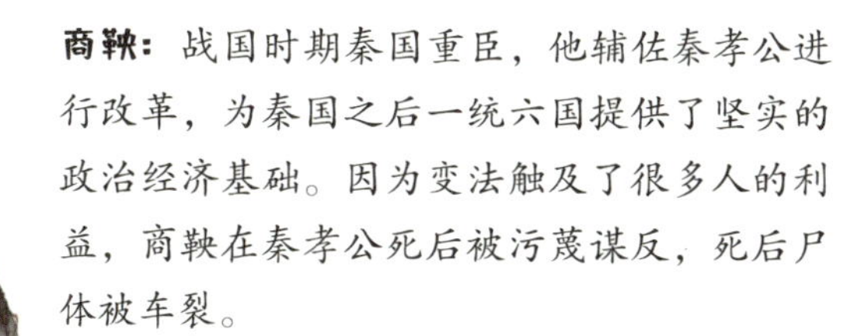

商鞅：战国时期秦国重臣，他辅佐秦孝公进行改革，为秦国之后一统六国提供了坚实的政治经济基础。因为变法触及了很多人的利益，商鞅在秦孝公死后被污蔑谋反，死后尸体被车裂。

屈原：战国时期楚国诗人、政治家。因遭楚国权贵的排挤诽谤，被先后流放至汉北和沅湘流域。楚国郢（yǐng）都被秦军攻破后，屈原自沉于汨（mì）罗江，以身殉国。因他跳江之日刚好是吴越等地祭拜龙祖、祈福辟邪的端午节，所以后来端午节也成为人们纪念屈原的节日。

孔子：“世界十大文化名人”之首，是儒家学派创始人。他倡导仁义礼智信，有弟子三千，曾带领部分弟子周游列国14年，晚年修订六经（《诗》《书》《礼》《乐》《易》《春秋》）。后来，其弟子及再传弟子把孔子及其弟子的言行语录和思想记录下来，整理编成《论语》，成为儒家经典。孔子还是中国历史上创办私立学校的第一人哦！

时间轴

公元前 776 年： 第一届古代奥林匹克运动会在古希腊奥林匹亚平原上举办。

公元前 770 年： 中国进入春秋时期。

公元前 626 年： 新巴比伦王国建立。

公元前 492 年： 希波战争打响，持续了半个世纪，以波斯战败而告终。

公元前 475 年： 中国进入战国时期。

公元前 356 年： 商鞅变法，废除旧制度，秦国经济得到飞速发展，为后来秦王朝统一天下奠定了基础。

公元前 334 年： 亚历山大东征。

公元前 273 年： 阿育王继位，孔雀王朝进入鼎盛阶段。由于他的推崇，佛教开始广泛传播。

公元前 221 年： 秦王嬴政统一六国，秦朝建立。秦始皇统一了文字、货币、度量衡。

燕 齐 赵 魏 韩 楚 秦

燕 齐 赵 魏 韩 楚 秦

越王勾践剑

阿育王石柱

孔雀王朝时代最具代表性的建筑雕刻。阿育王为了弘扬佛法，在印度各地建造了 30 多根纪念碑式石柱，石柱顶端雕有各种兽类。

公元前 214 年： 秦始皇命人连接秦、赵、燕三国长城，至此有了举世闻名的“万里长城”。

第一届古代奥林匹克运动会

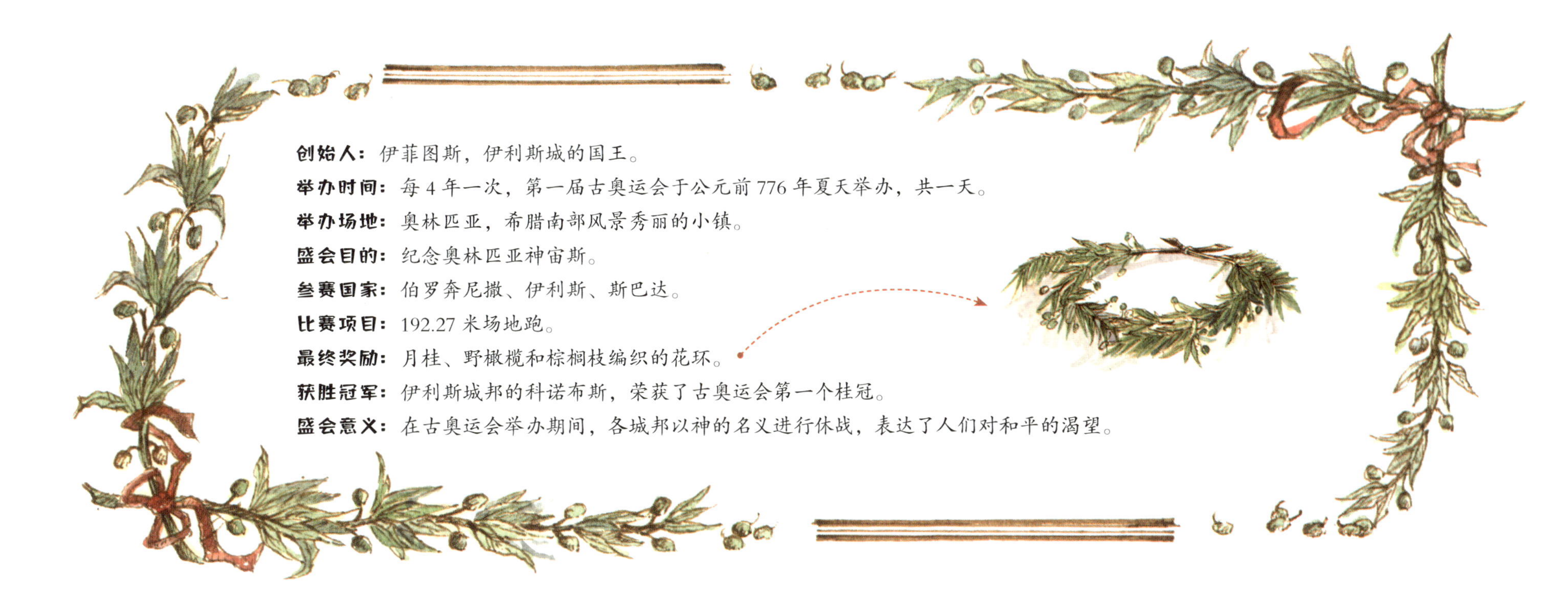

创始人： 伊菲图斯，伊利斯城的国王。

举办时间： 每 4 年一次，第一届古奥运会于公元前 776 年夏天举办，共一天。

举办场地： 奥林匹亚，希腊南部风景秀丽的小镇。

盛会目的： 纪念奥林匹亚神宙斯。

参赛国家： 伯罗奔尼撒、伊利斯、斯巴达。

比赛项目： 192.27 米场地跑。

最终奖励： 月桂、野橄榄和棕榈枝编织的花环。

获胜冠军： 伊利斯城邦的科诺布斯，荣获了古奥运会第一个桂冠。

盛会意义： 在古奥运会举办期间，各城邦以神的名义进行休战，表达了人们对和平的渴望。

4 新帝国的崛起和奴隶起义

前 200—200 年

这一时期是古罗马帝国最强盛的时期，古罗马大军四处征战，进入希腊、迦太基、埃及等地开疆拓土。备受侵略和压迫的人们失去家园，沦为奴隶。罗马贵族的不断剥削，最终引起人们的奋起反抗，历史上规模最大的奴隶起义——斯巴达克起义就是这一时期发生的。

·古罗马征服希腊·

公元前 150—公元前 146 年，古罗马多次发动战争，
最终占领科林斯，拉开了统治希腊的序幕。
科林斯城内千年的艺术品和珍宝，也遭到了古罗马大军的摧毁。

·斯巴达克起义·

公元前 73 年，
奴隶领袖斯巴达克带领角斗士们冲出了牢笼，
拉开了反抗古罗马统治和压迫的奴隶大起义的序幕，
有 6 万名奴隶参加了起义，但起义的结局却以失败告终。
在古罗马，
奴隶被称为“会说话的工具”，
奴隶主建造巨大的角斗场，
强迫奴隶相互拼杀供他们取乐，十分残忍。

·北非古国迦太基勇敢反抗古罗马侵略·

迦太基是北非古国，在遭到古罗马侵略后，
国内著名统帅汉尼拔率领军队，
和古罗马军队爆发了三次激烈的“布匿战争”，
并以少胜多重创古罗马军队。可遗憾的是，
后来因为迦太基内部出现矛盾，
有人出卖了汉尼拔，迦太基最终还是被古罗马所灭。

汉尼拔带领军队翻越阿尔卑斯山

少年将军霍去病带兵抗击匈奴

·秦朝灭亡·

公元前 207 年，项羽坑杀秦兵 20 万，
秦王子婴向刘邦投降，秦朝宣告灭亡。
不久便开始了长达 3 年的楚汉之争，
最后刘邦在垓下围困项羽，
项羽突围后自刎于乌江边，楚汉之争结束，
刘邦正式建立西汉政权。

·卫国战争·

西汉建国初期，政局还不稳定，
面对匈奴的侵略一直采取妥协、和亲的政策，
直到一百多年后，汉武帝开始派兵正面抗击匈奴，
掀起了波澜壮阔的卫国战争。
名将霍去病带兵发动的漠北之战，
让危害汉朝百余年的边患基本解决。
战争结束后，霍去病在狼居胥山举行祭天封礼，
这就是后来诗词里所说的“封狼居胥”。

·玛雅文明·

美洲三大文明之一，
也是世界上唯一诞生在热带丛林而不是大河流域的古代文明。
诡异的玛雅预言、庞大的天文数字单位、精确的天文历法和数学，
这些不属于那个时代的知识都让突然衰败、消失的
玛雅文明显得那么神秘而璀璨。

勇士庙

库库尔坎金字塔

那些活在教科书里的历史人物

以美貌闻名于世的埃及艳后就生活在这一时期，她是埃及最著名的女法老，关于她的种种传说中都充斥着浪漫的爱情色彩，据说当时的恺撒大帝、罗马名将安东尼都曾为她深深痴迷。

恺撒大帝：罗马帝国的奠基者，生于公元前100年，史称恺撒大帝。恺撒一生功绩显赫，他在罗马实行独裁统治，并和埃及艳后留下了神秘的传说。在恺撒56岁那年，遭到暗杀身亡。

克里奥帕特拉七世：古埃及托勒密王朝最后一任女法老，野史称“埃及艳后”。她凭借自己的美貌和才智，和著名的恺撒大帝、安东尼周旋，不仅守卫了埃及的领土，还带领埃及谱写了新的传奇。据说，在安东尼战败死后，她不愿被俘，让毒蛇咬死自己，与国家同归于尽。

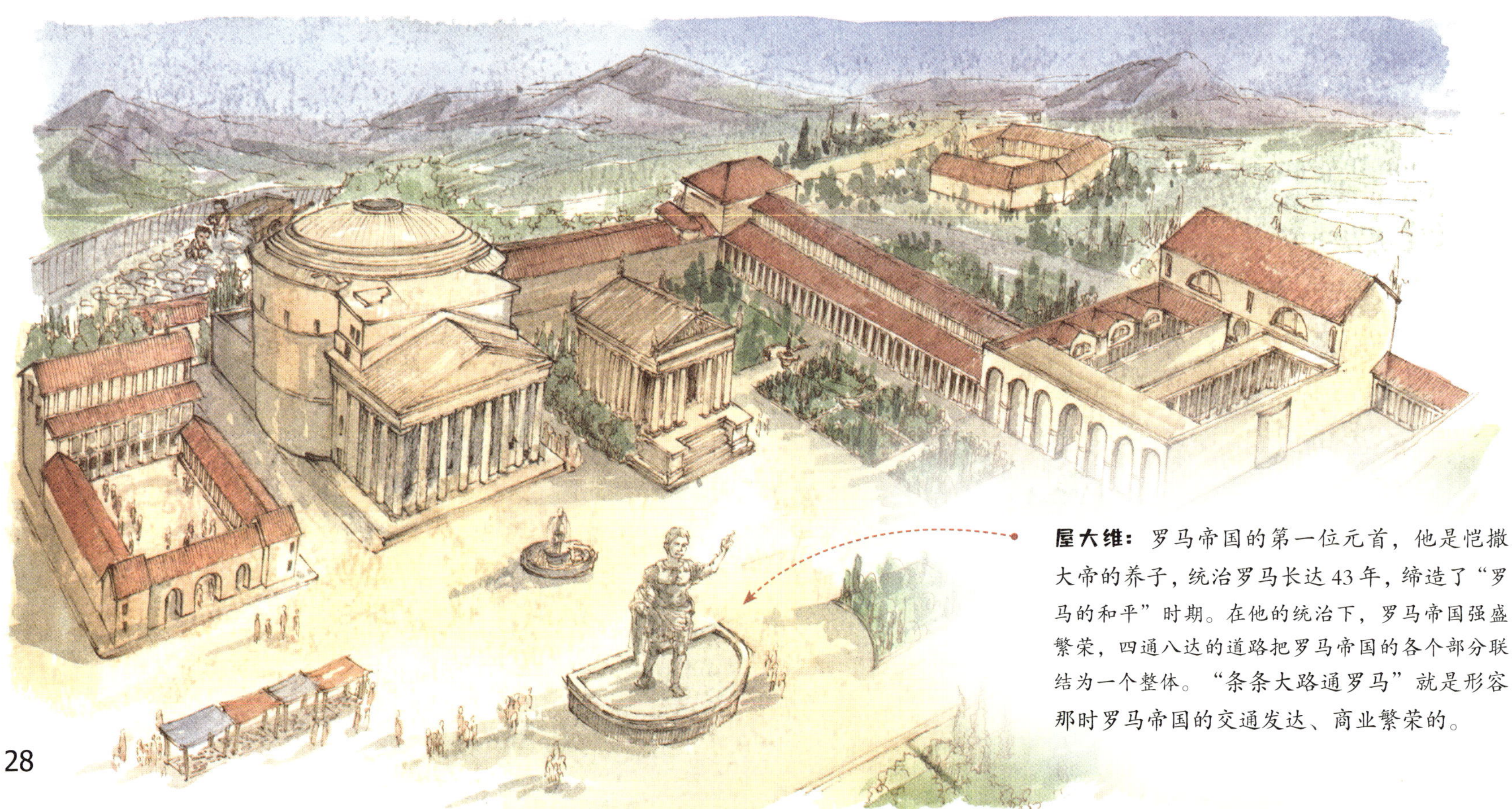

屋大维：罗马帝国的第一位元首，他是恺撒大帝的养子，统治罗马长达43年，缔造了“罗马的和平”时期。在他的统治下，罗马帝国强盛繁荣，四通八达的道路把罗马帝国的各个部分联结为一个整体。“条条大路通罗马”就是形容那时罗马帝国的交通发达、商业繁荣的。

张骞出使西域：公元前138年，张骞在汉武帝的旨意下出使西域，想要借此联合大月氏共同抗击匈奴。他在途中被匈奴捉到，囚禁十余年才得以逃脱。逃出来后，张骞并没有忘记使命，他继续西行，打通了“丝绸之路”。核桃、葡萄、石榴、蚕豆、苜蓿以及龟兹的乐曲、胡琴等就是张骞出使西域后开始传入中原的。

昭君出塞：公元前54年，南匈奴呼韩邪单于向汉朝称臣归附，并向汉元帝自请为婿，元帝遂选宫女王昭君赐予他。

王昭君是中国古代四大美女之一，野史说因她入宫的时候没有贿赂画师，美貌没有被如实画出来，才一直没有被汉元帝选中，后主动请旨和亲，为汉朝带来了数十年的和平。

令人神往的建筑与发明

我是维纳斯，所有人都想一睹我断臂前的模样。

失去双臂前的维纳斯

维纳斯雕像：公元前 150 年，古希腊雕刻家阿历山德罗斯创作的大理石雕塑，是人们心中女性完美标准身材的代表。据说，在 1820 年发现维纳斯雕像时，雕像还没有断臂。后来在英法两国争夺雕像时，砸断了维纳斯的双臂，于是维纳斯变成了今天我们看到的断臂女神。

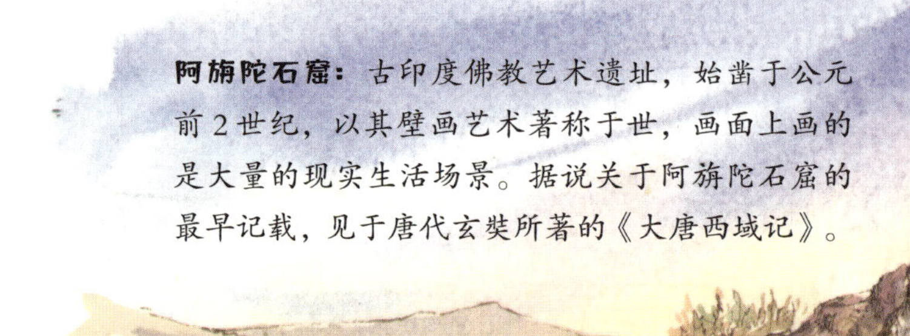

阿旃陀石窟：古印度佛教艺术遗址，始凿于公元前 2 世纪，以其壁画艺术著称于世，画面上画的是大量的现实生活场景。据说关于阿旃陀石窟的最早记载，见于唐代玄奘所著的《大唐西域记》。

我听过太多的哭诉和祷告，那些苦难真令人难过啊。我是耶路撒冷的哭墙。

哭墙

哭墙：又称西墙，位于以色列耶路撒冷旧城。公元 135 年，罗马皇帝哈德良平定第二次犹太人起义，犹太人被迫远离故土，分散于万国之中。后来朝代更迭，犹太人被容许每年在圣殿被毁日到西墙来哭诉祷告，“哭墙”之名由此而来。

我在火山灰的掩埋下沉睡了1600多年才被发现，我是庞贝古城。
?!

庞贝古城

庞贝古城：公元 79 年，突然的火山爆发，给庞贝古城带去毁灭的同时，也给它增添了无限神秘。如今人们已经逐渐解封历史，一座曾经人口稠密、富商云集的旅游避暑胜地展现在世人面前。被火山灰掩埋的庞贝古城被评为世界十大古墓稀世珍宝之一。

蔡伦造纸：蔡伦虽身为宦官，也掩盖不了他的才华。蔡伦曾掌管宫中的制造部门，这为他提供了一个非常好的研究平台。他研究改进了当时的造纸工艺，制作出了更优质的纸张。蔡伦的造纸术后来成为中国“四大发明”之一，他发明的纸张也被称为“蔡侯纸”。

瞧一瞧，看一看！
地动仪买一送一！走过路过不要错过！
张衡

张衡造地动仪：公元 132 年，张衡制造“候风地动仪”，能够准确记录地震，比西方第一台地震仪早了 1700 多年。但因为至今没有挖掘出原物，现代按照记载仿造的模具没有办法达到其功能，所以也出现了“此伟大发明或为假说”的说法。

时间轴

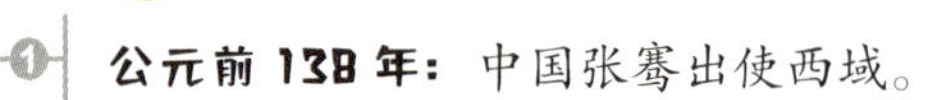

公元前 138 年： 中国张骞出使西域。

公元前 104 年： 司马迁撰写《史记》，记载了从传说中的黄帝到汉武帝元狩元年（前 122 年）三千多年的历史。

公元前 2 世纪： 古希腊人建成宙斯祭坛。古印度开凿阿旃陀石窟。

公元前 73 年： 古罗马斯巴达克起义。

公元前 30 年： 屋大维攻入埃及，安东尼和克利奥帕特拉七世相继自杀，屋大维成为罗马最高统治者。

约公元前 4 年： 相传神的儿子耶稣降生于世，他的使命是将人类从罪恶中解救出来。

公元 25 年： 刘秀即皇帝位，定都洛阳，东汉王朝开始。

公元 79 年： 维苏威火山摧毁庞贝城。

公元 1 世纪： 古代数学的巅峰著作《九章算术》成书，主要由西汉的张仓、耿寿昌增补、整理。

公元 105 年： 中国东汉蔡伦发明造纸术。

司马迁和《史记》

❶ 司马迁家中世代为记录历史的史官，司马迁的父亲在去世前，曾再三叮嘱，要他一定做一个不忘初心的史官。

❷ 在汉朝抗击匈奴的战争中，将军李陵被匈奴俘虏，后又被奸臣诬陷已投降。汉武帝大怒，要诛杀李陵的家人。作为史官的司马迁，认为整件事还有疑点，冒死劝谏汉武帝。

❸ 汉武帝震怒，不仅将李陵族人全部诛杀，还把司马迁关进大牢，处以酷刑。

❹ 司马迁饱受身体和精神的双重折辱，却没有忘记自己的初心，在大牢中依旧笔耕不辍。多年后，汉武帝大赦天下，司马迁才终于出狱，并官复原职，但此时的司马迁已经两鬓斑白。

❺ 司马迁在去世前终于完成了《史记》，但这部巨著直到他去世20多年后，才得以重见天日，最终成为千古流传的名著。

❻《史记》记载了从上古黄帝时期到汉武帝年间共3000多年的历史，包含了历代帝王政绩、诸侯国的兴衰历史、重要人物的言行事迹、大事年表等。司马迁所记述的史实不做虚假的赞美，不掩饰丑恶的真相，全面、详细、真实地记录了历史。

5 繁荣的新世界

200—618 年

我大和国正式和大家见面啦，虽然我诞生得晚，但是我十分善于学习和模仿。
日本

别看我其貌不扬，我可是酷炫的黄金王国！
加纳帝国

经过三国时期重新洗牌，当时世界上最强盛的国家之一——大唐已经冉冉升起！
中国

· 法兰克王国 ·

公元 481 年，日耳曼人中一支强大的部落——法兰克人，
打败原本统治高卢的罗马帝国，
建立了法兰克王国，定都巴黎。
公元 800 年，查理曼加冕称帝，建立了查理曼帝国。
在我们现在的扑克牌中，
红桃 K 的原型就是查理曼大帝哦。

· 加纳帝国 ·

加纳帝国是由西苏丹索宁克人建立的非洲古代王国。
人们从水中开采黄金，生活富足，
因此它又被称为"黄金之国"。

· 非洲阿克苏姆王国 ·

阿克苏姆王国在公元 4 世纪到 6 世纪期间，一直是非洲的政治、经济、文化中心，被称为"城市之母"和"古代文明的摇篮"。国王埃扎纳自称"万王之王"，他主持进行的文字改革，创制了沿用至今的埃塞俄比亚文字。
阿克苏姆人还驯化了大象来搬运重物。

· 日本 ·

3 世纪初期，日本出现了由卑弥呼担任女王的邪马台国，
邪马台国也被看作是日本国家的起源。
直到 5 世纪日本列岛才建立起第一个统一的国家政权。
592 年开始，日本陆续派使者渡海出使隋唐，学习隋唐的法制和文化，经过数十年的发展，
日本迈入封建文明的发展时代。

·三国鼎立·

东汉末年，天下大乱，军阀四起。
赤壁之战奠定了三国鼎立的局面。
220 年，曹丕逼迫汉献帝让位，定都洛阳，
国号“魏”，史称曹魏；
221 年，刘备在成都称帝，史称蜀汉；
229 年，孙权在武昌称帝（后迁都建邺），史称东吴。
至此，开始了几十年动荡的三国时代。

·隋唐·

公元 589 年，
隋文帝杨坚结束三国两晋南北朝延续 280 余年的战乱，
重新统一了中国。
但隋朝统治时间很短，第二任皇帝隋炀帝的暴政，
使得天下再次动荡。
617 年，李渊起兵反隋；618 年，攻取长安，建立唐朝。

·提奥提华坎文明·

提奥提华坎文明是美洲的托尔特克人创立的，
公元 350—600 年是其鼎盛时期，
但在 750 年突然神秘灭亡。
提奥提华坎最著名的建筑就是太阳金字塔和月亮金字塔，
其中太阳金字塔上面还有粗犷的图腾雕刻。
提奥提华坎意为“众神降临的地方”，
传说在创世之初，
众神就是在这里聚会讨论人类的命运的。

被压迫人民的誓死反抗

罗马帝国四处征战掠夺，虽然能暂时镇压，却还是有无数人民觉醒并反抗。最终，强大的罗马帝国四分五裂，世界版图重新被划分。

阿哥尼斯特运动： 是公元 4 世纪北非爆发的一场联合大起义，参加者有奴隶、农民、宗教势力等，主要是反抗罗马在北非的统治。阿哥尼斯特的意思是：争取正当信仰的战士。

西罗马帝国覆灭： 公元 476 年，日耳曼人首领奥多亚克废除了年仅 6 岁的傀儡皇帝罗慕路斯，自立为王，西罗马帝国灭亡。巧合的是，西罗马帝国的末代皇帝罗慕路斯和罗马帝国的建立者同名，这或许就是命运的玩笑吧。

拜占廷帝国： 罗马帝国皇帝狄奥多西一世临终前，将帝国一分为二，交给两个儿子继承，拜占廷帝国（东罗马帝国）诞生。公元 554 年，拜占廷帝国击败了法兰克王国，国力达到鼎盛，建有举世闻名的圣索菲亚大教堂。目前这座已经改为博物馆的大教堂，依然矗立在土耳其的伊斯坦布尔，见证着人类的历史发展。

这时候的中国，经历了三国鼎立时期，最终走向了大一统。无数英雄豪杰辈出：神机妙算的诸葛亮、一代枭雄的曹操，还有巾帼不让须眉的平阳公主李秀宁……他们惊才绝艳，推动着历史的进程，谱写出了许许多多传奇故事。

诸葛亮： 诸葛亮是三国时期蜀汉丞相，因其出色的政治、军事等才谋而闻名。刘备为了请他出山辅佐自己，三顾茅庐。刘备病危时，嘱托诸葛亮继续辅佐自己的儿子，可惜刘禅是个“扶不起的阿斗”。诸葛亮在北伐前还不忘写《出师表》，对刘禅进行劝勉。

刘备三顾茅庐请诸葛亮

平阳公主李秀宁： 唐高祖李渊的女儿，唐朝第一位死后赐谥号的公主，也是中国封建史上唯一采用军礼殡葬的女子。她的一生充满传奇。当年，为协助父亲李渊起兵，李秀宁聚拢天下豪杰，建立了一支娘子军，可谓巾帼不让须眉！

曹操挟天子以令诸侯

曹操： 曹操是历史上著名的枭雄，在群雄逐鹿的混战中，势力逐渐扩张，为后来曹魏政权的建立奠定了基础。曹操在历史上是一个性格复杂并且争议不断的奸雄形象，但他精通兵法、爱惜将才、尚礼重法、文采卓然……这些特质又显得他无比真实而矛盾。

曹操去世后，他的儿子曹丕逼迫汉献帝禅让，称帝并建立魏国。

举世瞩目的成就

日本法隆寺：公元 607 年在日本奈良初建。寺院建筑受中国南北朝建筑风格的影响，分为东西两院，其中西院伽蓝是世界上最古老的木构建筑群。法隆寺金堂安置有释迦三尊像，在释迦牟尼像两侧有侍像，这种一主二仆式的造像方式是模仿北魏龙门石窟的样式。

法隆寺内有 40 多座建筑，保存着自飞鸟时代以来的文物珍宝，由于其在佛教上的特殊地位，被列为“世界文化遗产”。

《查士丁尼法典》：世界上第一部完备的奴隶制成文法，对后世的法学、法律影响巨大。

拜占廷建筑：拜占廷原是古希腊的一个殖民地，由于特殊的地理位置，它汲取了多地的文化形式，最终形成了自己的建筑特色。

如果可以回到过去，那一定要去魏晋时期！

因为你随便去大街上走一圈，就可以围观风度翩翩的美男哦！

魏晋时期流行病弱美，男人出门必化妆，喜欢在衣服上熏香，是历史上美男子最多的时期，比如潘安，比如卫玠（jiè）……

如果对美男不感兴趣，也可以欣赏那时期的风流名士，听他们弹琴、吟诗、探讨人生……

竹林七贤：“竹林七贤”指的是魏晋时期的七位名士，他们常常聚在一起喝酒、纵歌、宴饮游乐，世人将他们称为“七贤”。

阮籍：历代“竹林七贤”排行榜中，阮籍总是排名首位，他的父亲是“建安七子”之一的阮瑀（yǔ）。

嵇（jī）康：喜欢打铁的高富帅，“竹林七贤”的精神领袖，他的妻子是曹操的曾孙女长乐亭公主。

山涛：七贤中官位最大的，因为支持了司马家族，一度被嵇康宣布没有这个朋友。

刘伶：爱酒如命，向往诗和远方的逍遥“醉侯”。

阮咸：阮籍的侄子，精通音律，擅弹琵琶。据说阮这种乐器，就是因为阮咸擅长弹奏而得名的。

向秀：一心搞学术，他注释的《庄子》是历史上最好的注本，人们都夸赞“向秀之后，再无《庄子》”。

王戎：他拒收父亲部下百万巨资的丧葬资助却是有名的吝啬鬼，在官场上游刃有余。《王戎不取道旁李》讲的正是小时候聪慧过人的王戎。

隋唐大运河：公元605年，隋炀帝为了加强南北两地的交通，巩固政权的集中统治，利用前王朝开凿留下的河道，修建了一条以洛阳为中心，北至涿郡（今北京），南至余杭（今杭州）的大运河。

野史中一直流传着隋炀帝开挖大运河，是为了方便去扬州看琼花和美女的说法。但琼花出现在历史记载中是宋朝时期，可见野史所说并不准确。

时间轴

1. **公元 208 年：** 赤壁之战。孙权、刘备联手打败曹军，形成三国鼎立的局面。
2. **公元 227 年：** 阿尔达希尔一世建立萨珊王朝，取代了安息帝国。
3. **公元 320 年：** 古印度笈多王朝开始。
4. **公元 372 年：** 匈奴人入侵欧洲。

5. **公元 476 年：** 西罗马帝国灭亡。
6. **公元 570 年：** 伊斯兰教创始人穆罕默德出生。

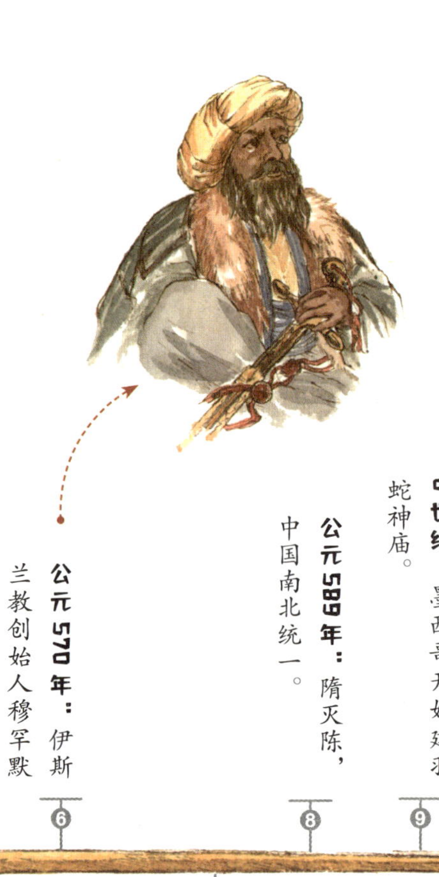

7. **公元 581 年：** 中国杨坚代周称帝，国号隋。
8. **公元 589 年：** 隋灭陈，中国南北统一。
9. **6 世纪：** 墨西哥开始建羽蛇神庙。
10. **公元 618 年：** 中国李渊称帝，国号唐。

中国古代四大美男

潘安：古代第一美男子

◎潘安上街的时候，人们都会拿水果、鲜花往他的车架上扔，表示对他的喜爱与追捧。

◎虽然潘安长得貌美，却独爱老婆杨氏，在杨氏去世后，他还写了很多悼念的诗作，并且余生未再娶，成为一段千古佳话。

◎虽然潘安有个非常好的先天形象，但在政治上是个糊涂虫，他投靠了引发皇族内乱的罪魁祸首——皇后贾南风，后来惨遭灭族。

兰陵王高长恭：最美战神

◎兰陵王是北齐皇子，更是一员猛将。因为容貌太过俊美，所以出征的时候都戴着凶恶的面具。

◎将士们为了歌颂兰陵王作战英勇无比，创作了著名的《兰陵王入阵曲》。

◎军功卓著，深受将士和民众爱戴的一代名将，却因为受到皇帝的猜忌，被赐毒酒，饮鸩而死。

宋玉：战国末期的美男子

◎相传宋玉是屈原的学生，貌美且有才华，得到了楚王的赏识。

◎总有人在楚王面前说宋玉的坏话，宋玉举了一个“歌曲越高雅，能跟着唱的人就越少”的例子轻松化解了楚王的疑虑，这也是“曲高和寡”的由来。

◎宋玉的美貌虽然一直流传于世，却没有一张他的画像，所以他究竟有多美也成了一个千古之谜。

卫玠：冰清玉润

◎卫玠出身官宦家族，从小体弱。

◎卫玠样貌清秀，世人都夸他是“玉人”。

◎卫玠 27 岁就英年早逝了，有一种说法叫“看杀卫玠”，说的是卫玠刚到京都时，人们挤满了街头巷尾想一睹他的容貌，卫玠本来身体就弱，过度劳累后重病而亡，当时人们都说卫玠是被看死的。这么看来，古时候的粉丝也很疯狂啊！

6 迈入封建社会的列国和王朝

618—908 年

世界各国逐步进入封建社会，英吉利王国、阿拉伯帝国、中国的大唐，这些崛起的强大国家都在历史舞台上留下了浓墨重彩的故事。尤其是我们的盛世大唐，当时的综合国力、国民生产水平都是世界第一！

·阿拉伯帝国建立·

632 年，阿拉伯帝国建立。
这是由阿拉伯人建立的伊斯兰帝国。
在唐代以后的中国史书上，均称之为“大食”。
8 世纪初，阿拉伯帝国开始了大规模的扩张战争，
为了争夺中亚利益，和当时的大唐发生过多次的摩擦和冲突。
著名的阿拉伯民间故事集《天方夜谭》（又名《一千零一夜》）
就是从这时开始流传于民间的，
像我们熟悉的《阿里巴巴和四十大盗》
《阿拉丁和神灯》《航海家辛巴达》的故事，
都出自此书。

·新罗统一朝鲜·

668 年，新罗借助唐朝的力量，
统一了朝鲜半岛中南部。
新罗吸收盛唐文化，进入了第二个兴盛时期。
新罗还与唐朝保持宗藩关系，定期向唐朝朝贡，
唐朝则帮助新罗维护统治秩序。

·英吉利王国建立·

829 年初，威塞克斯王朝的爱格伯特统一英格兰，
开始了威塞克斯王朝的统治，
统一的英吉利王国由此诞生。
但“北欧海盗”维京人也在这一时期到来，
和维京人的斗争贯穿了威塞克斯王朝整个历史过程。

查理曼大帝的三个孙子签署《凡尔登条约》

· 贞观之治 ·
唐太宗李世民在位期间，
任用贤才，虚心纳谏，解决了内忧外患，
呈现出天下大治的盛世繁荣局面，
因当时的年号为“贞观”，所以被称为“贞观之治”。
贞观之治的功臣之一魏征，
被李世民比作自己的镜子，可以照出自己的得失。
魏征死后，唐太宗李世民常常怀念他，
痛惜自己没了一面心爱的镜子。
唐太宗
文德皇后长孙氏

· 查理曼帝国分裂 ·

查理曼帝国是中世纪西欧早期的封建帝国，
查理曼大帝死后，帝国陷入了内战。
843 年，根据《凡尔登条约》，查理曼帝国分裂为三部分：
东法兰克王国、西法兰克王国和中法兰克王国。
这三个王国也就是后来的德意志第一帝国、法兰西王国、意大利王国。

· 千古女帝 ·

武则天，武周开国君主，
她不仅是中国历史上唯一的正统女皇帝，
还是即位年龄（67 岁）最大、寿命（82 岁）最长的皇帝之一。
武周朝上承“贞观之治”，下启“开元盛世”，不仅继续壮大国力，
收复安西四镇，还开创了殿试、武举及试官制度。
武则天的一生给我们留下了很多传说，
其中最著名的就是无字碑，
她将自己一生的功过是非都交于后人评判。

前行的脚步从未停下

这是我们阿拉伯帝国的“智慧宫”，这里有图书馆、翻译馆和研究院，是伊斯兰世界第一所综合学术机构！

日本大化改新：公元 645 年，孝德天皇颁布《改新之诏》，对经济和政治进行全面改革。大化改新后，大和正式改名日本国，开始从奴隶社会过渡到封建社会。

阿拉伯帝国阿拔斯王朝：阿拔斯王朝是阿拉伯帝国的极盛时代。公元 830 年，在巴格达创建了综合学术机构“智慧宫”，搜集并翻译了非常多的科学、文化、艺术古籍，还培养了许多学者和翻译家，将阿拉伯帝国科学文化推上了新的高度。

维京海盗兴起：维京这个词是古挪威语音译而来的。维京人又叫北欧海盗，他们起源于挪威、丹麦和瑞典，离开家园后开始了世界冒险。他们一开始打劫西欧沿海的修道院，然后逐渐有组织地侵扰其他欧洲国家。在征战途中，他们还陆续发现了冰岛和格陵兰岛。

维京海盗们头戴巨大牛角盔、留着长长的辫胡，十分有特点。他们死后会将尸体葬于船中，认为这是一种莫大的荣耀。

安史之乱明明是一场权力争夺战，我却成了背锅侠……

安史之乱战争爆发于公元 755 年。深居皇宫的唐玄宗过着纸醉金迷的日子，他任用徇私误国的奸臣，不听文臣武将的劝谏，加深了统治阶级内部的矛盾。于是，边关权力和兵马都日益强大的节度使安禄山与史思明出兵夺权，安史之乱爆发。近 8 年的拉锯战使得唐朝人口流失，国力锐减，虽然最终战乱被平息，但大唐也因此由盛转衰。

朝堂上：奸臣宰相李林甫深受唐玄宗信任，他排斥贤才，收受贿赂，骄纵跋扈，使统治阶级内部矛盾激化。

皇宫内：唐玄宗和杨贵妃的生活十分奢靡，引得朝堂大臣与百姓十分不满。

逃亡之路：当长安失守，唐玄宗一众逃到马嵬坡时，随行愤怒的将士们逼迫唐玄宗处死奸相杨国忠、贵妃杨玉环。著名的杨贵妃香消玉殒。

各国间的文化碰撞和交流

大唐的强盛和繁荣，引来了众多外国使者。这一时期，是世界各国经济文化交流与碰撞的亲密期。国外70多个国家，来往于大唐。据说，当时在大唐做官的外国人就有近四千人。

鉴真东渡： 鉴真，唐代高僧。鉴真受邀东渡日本讲授佛法，先后经历6次尝试，终于在754年，到达日本，开始传播中国文化，促进了中日文化和佛教的交流发展。鉴真还在日本主持修建了唐招提寺佛教建筑群。公元763年，鉴真在唐招提寺内圆寂，他的弟子为他塑立的漆像，至今还完好地保存着，成为中日友好的象征。

婆罗浮屠： 位于印度尼西亚，建于公元750年至850年间，用了约200万块打磨好的火山岩石块建造，是当时世界上最大型的佛教建筑物。后来火山爆发，被掩盖于茂密的热带丛林中近千年，19世纪才被人们发现。

婆罗浮屠一共有大约2760块浮雕，被吉尼斯世界纪录大全确认为世界上最大的佛教寺庙。

奥里萨邦： 位于印度，被称为“神圣之国”“可以赎罪的地方”。奥里萨邦有两千多年的历史，规模比雅典古城还要宏大，城内建有众多神庙，最多的时候有将近7000座神殿。7世纪的时候，中国高僧玄奘曾访问过奥里萨邦。

奥里萨邦的人们在每年春天到来时，都会互相抛洒红粉，表示喜庆和庆祝，这就是印度的传统节日洒红节。这一古老的印度节日在今天仍然延续着……

世界那么大，我要去看看！
玄奘

国内大好河山还不够看吗？我一辈子都没走完！
李白

有机会来我们布达拉宫做客吧。
文成公主

玄奘： 玄奘，唐代著名高僧，被尊称为“三藏法师”，后世俗称“唐僧”。他一人西行5万里，历尽艰辛到达印度佛教中心那烂陀寺取真经，历时17年才回到长安。玄奘回来后，主持修建大雁塔，在此潜心研究并翻译佛经。

我们非常熟悉的《西游记》，就是以玄奘取经的事件为原型编写的。

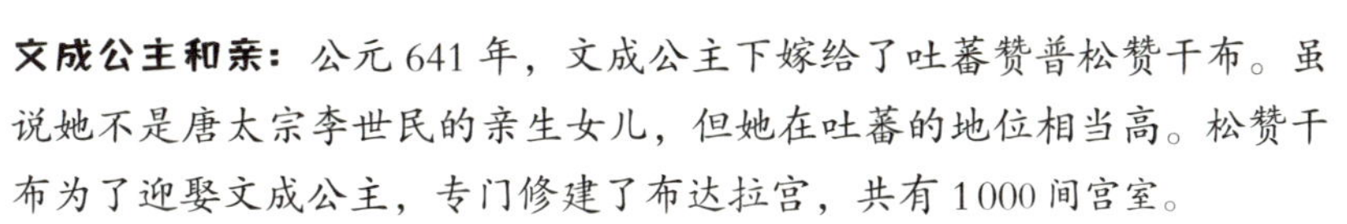

文成公主和亲： 公元641年，文成公主下嫁给了吐蕃赞普松赞干布。虽说她不是唐太宗李世民的亲生女儿，但她在吐蕃的地位相当高。松赞干布为了迎娶文成公主，专门修建了布达拉宫，共有1000间宫室。

据说当年求娶文成公主的还有其他国家的使者，唐太宗便“六试婚使”，最终松赞干布的使者禄东赞依靠聪明才智，帮松赞干布迎娶到了文成公主，开创了唐蕃交好的新时代。

《霓裳羽衣曲》： 《霓裳羽衣曲》又称《霓裳羽衣舞》，是唐玄宗作曲的唐代宫廷乐舞，至今仍是音乐舞蹈史上一颗璀璨的明珠。

据说杨玉环和唐玄宗第一次见面的时候，唐玄宗演奏的就是《霓裳羽衣曲》，不过在安史之乱后《霓裳羽衣曲》就失传了。直到200年后，五代十国时期，南唐后主李煜与皇后周后复原了《霓裳羽衣曲》，但还有多少原汁原味就不得而知了。

李白： 唐代伟大的浪漫主义诗人，被后人誉为“诗仙”。李白性格爽朗，喜欢结交朋友，喜欢游历名山大川，写下了很多描绘山川的诗词。他擅长舞剑、谈论道经，具有豪放的叛逆思想，为人清高又放荡不羁，这也注定他一生和仕途无缘。

时间轴

公元 626 年： 玄武门之变，唐太宗即位。

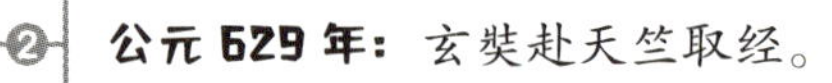

公元 629 年： 玄奘赴天竺取经。

公元 645 年： 日本孝德天皇推行大化改新。

公元 668 年： 新罗灭高句丽，统一朝鲜。

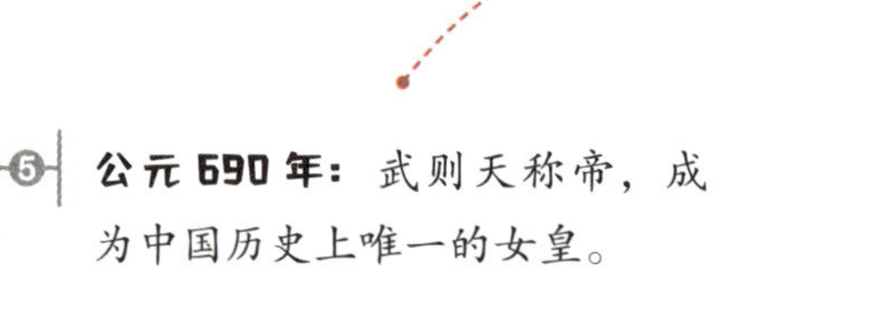

公元 690 年： 武则天称帝，成为中国历史上唯一的女皇。

公元 755 年： 安禄山叛乱，史称“安史之乱”。

750—1250 年： 印度始建奥里萨神庙，为中世纪印度教建筑群。

公元 750—1258 年： 阿拉伯帝国阿拔斯王朝时期。

公元 843 年：《凡尔登条约》三分查理曼帝国。

公元 907 年： 唐朝亡，五代时期开始。

唐朝风流女子图鉴

唐朝社会风气开明，很多女性都可以展示自己的才智和风采，在历史上留下了浓墨重彩的故事……

文成公主： 公元641年，文成公主下嫁吐蕃的赞普松赞干布。文成公主也将大唐的文化、思想和先进的技术带入了吐蕃。大唐和吐蕃维持友好和平的关系，文成公主功不可没。

杨贵妃： 中国古代四大美女之一。杨贵妃爱吃荔枝，唐玄宗不惜动用传递战事信息才用的“八百里加急”为她运送新鲜荔枝。杜牧曾写下“一骑红尘妃子笑，无人知是荔枝来”，以讽刺唐玄宗的荒唐之举。

鱼玄机： 晚唐诗人。鱼玄机婚后遭正室陷害，被夫君抛弃，心灰意冷下走进道观，虽然身居道观，但她从未放弃对生活的追求。才华横溢的她，为人们留下了许多惊艳诗句。

上官婉儿： 巾帼宰相。虽然在她年少时因祖父获罪，随母亲被发配入宫做女婢，但她聪明好学，获得了武则天的赏识和宠信，最终凭借自己的才华以及过硬的政治天赋，成为武则天时期权势滔天的“巾帼宰相”。

薛涛： 蜀中四大女才女之一，她和上官婉儿一样，也是因父亲得罪朝中权贵，家道中落，身世飘零。但她才华出众，通音律、善辩慧、工诗赋，就连白居易、杜牧、刘禹锡这些大唐风流人物，都是她的知己好友。

7 全世界进入高速发展时期

908—1300 年

这一时期，不论是西方还是中国，政权都经历着复杂多样的变化。欧洲被突厥人入侵，诞生了大名鼎鼎的十字军；日本开始了幕府武士统治；中国则进入了宋朝和北方少数民族政权割据时期……

· 神圣罗马帝国 ·

前身是东法兰克王国。
962 年，德意志国王奥托一世在罗马由教皇加冕称帝，
成为罗马的监护人和罗马天主教世界的最高统治者。
1157 年，帝国被称为神圣罗马帝国。
帝国极盛时期的疆域包括近代的
德意志、奥地利、意大利北部和中部、捷克、斯洛伐克、
法国东部、荷兰、比利时、卢森堡和瑞士。
因神圣罗马帝国在王位继承上非常混乱，
所以后期逐渐演变为一个松散的“联邦组织”。

双头鹰图案： 沿袭了古罗马帝国图腾。中间的耶稣受难图表明了帝国神圣性，帝国的统治者是罗马天主教会和整个西方基督教世界的保护者；双头鹰翅膀上绘有七大选帝侯国和德意志各大诸侯的旗帜，代表帝国的普世性和广大疆域。

· 十字军东征 ·

十字军东征是罗马天主教教皇发动的，
持续了近 200 年的著名宗教性军事行动，
以收服被侵占的土地为由，
对地中海东岸国家发动了先后 9 次战争。
参加出征的将士胸前和胳膊上都佩戴“十”字标记，
所以被称为“十字军”。
“十”字标志象征着基督教的十字架。

· 日本幕府政治 ·

1192 年，日本镰仓幕府由关东武士首领源赖朝建立。
这是古代日本凌驾于天皇之上的中央政府机构。
最高权力者为征夷大将军，亦称幕府将军。
幕府共经历三个时代：
镰仓幕府、室町幕府、江户幕府。

·五代十国·

唐朝灭亡后，中国历史上开始了一段大分裂时期，统称为五代十国。自 907 年开始，到 979 年结束。
五代是指后梁、后唐、后晋、后汉和后周。十国为南吴、吴越、前蜀、后蜀、闽、南汉、南平、南楚、南唐、北汉。

·北宋·

960 年，后周诸将发动陈桥兵变，拥立赵匡胤（yìn）为帝，建立宋朝。
赵匡胤称帝后，通过杯酒释兵权，将兵权与财政权集中于中央；
979 年，宋太宗派兵灭北汉，彻底结束十国割据的局面，
中国基本统一，进入了宋辽对峙的时代。

赵匡胤黄袍加身，众将皆俯首称臣

·大蒙古国·

1189 年，铁木真被推举为蒙古乞颜部可汗，
他带领族人统一蒙古诸部，
于 1206 年建立大蒙古国，尊号“成吉思汗”。
铁木真在位期间，
多次发动对外战争，建立了一个横跨欧亚大陆的大帝国，
印制了世界上第一种国际通用的纸币，
也建立了第一个国家间的邮政通信系统，
推动了欧洲的技术、贸易和思想革命。

神秘的骑士团和中国辽金夏政权

大名鼎鼎的骑士团是在中世纪十字军东征期间出现的，当时的封建主们为了维护他们在东方侵占的领地，建立了这种有宗教性质的封建军事组织。骑士团根据职责不同，分为三大类，分别是医院骑士团、圣殿骑士团和条顿骑士团。

医院骑士团： 1099 年创建，最初是提供医疗以照顾病人或受伤的朝圣者。1120 年，开始向朝圣者提供武装护送，逐渐发展为军事组织。

医院骑士团全称是耶路撒冷、罗得岛和马耳他圣约翰主权军事医院骑士团，虽然没有实际的领土，却具有“准国家”的性质，至今仍然存在。

圣殿骑士团： 全名为“基督和所罗门圣殿的贫苦骑士团”，是中世纪时期天主教军事组织，创建之初是为了保护朝圣者的安全。

最初的圣殿骑士团只有 9 个人，他们驻扎在所罗门圣殿的遗址上，因此有了“圣殿骑士”之名。

条顿骑士团： 1198 年成立，全名为“耶路撒冷的德意志弟兄圣母骑士团”，成员全部是德意志贵族，他们的口号是“帮助、救治、守卫”。

在 1809 年的时候，拿破仑解散了作为军事组织的条顿骑士团，而作为纯宗教性质的修士会，条顿骑士团至今仍然存在。

这个时期，和宋朝有纷争的三个主要少数民族政权分别是西夏、辽和金。

神秘的西夏王朝地处西北，著名的玉门关和莫高窟就在西夏的疆域中。而金原本是辽的附属，后来发展壮大后，反灭了辽政权。

辽： 中国历史上由契丹族建立的政权。907 年，辽太祖耶律阿保机成为契丹部落联盟首领，916 年始建年号，建国号“契丹”。947 年，辽太宗耶律德光率军南下中原，攻占汴京登基称帝，改国号为“大辽”。

传说契丹人的祖先是一位骑白马的男子和一位乘青牛的女子，两人相遇相爱，生子繁衍，逐渐形成了契丹八部。后来，契丹族便以“青牛”和“白马”为图腾。

西夏开国皇帝
李元昊

金朝开国皇帝
完颜阿骨打

西夏： 中国历史上由党项族（古代西北族群，属于西羌族的一支）建立的政权 。因其地处西北，宋人便称之为西夏。1038 年，党项首领李元昊称帝建国。西夏前期经常和北宋、辽发生战事，一度形成三国鼎立的局面。金朝崛起后，西夏臣服于金朝，后亡于蒙古。

金： 中国历史上由女真族建立的政权。金太祖完颜阿骨打统一女真诸部后起兵反辽，1115 年立国，国号金。金朝是历史上第一次提出了“中华一统”的朝代。相传完颜阿骨打出生的时候，曾经有五色云气在东方出现，寓意着他生来不凡，注定要成就一番伟业。

鬼斧神工的大型建筑

和我有关的艺术作品数不胜数，我还开创了哥特式建筑风格。
巴黎圣母院

吴哥窟： 位于柬埔寨，是苏利耶跋摩二世（1113—1150年在位）为供奉毗（pí）湿奴而建，历时三十多年才完工，是世界上最大的庙宇类建筑，同时也是世界上最早的高棉式建筑。吴哥窟回廊上的石刻浮雕，取材于印度史诗《罗摩衍那》和《摩诃婆罗多》中的神话故事，场景宏大、人物逼真，堪称世界艺术史中的杰作。

哥特式建筑： 发源于12世纪的法国，建筑的主要特点体现在尖形拱门、肋状拱顶与飞拱。哥特式建筑在13—15世纪的欧洲非常流行，常见于教堂建筑，给人以神秘、哀婉、崇高的强烈感触，知名的代表作包括圣丹尼教堂、圣母大教堂、米兰大教堂、巴黎圣母院等。

博洛尼亚大学： 世界上第一所现代意义上的大学，被誉为“世界大学之母”。学校创办于1088年的意大利，是欧洲最著名的罗马法研究中心，也是世界上最古老的大学，是但丁、哥白尼、马可尼等文学、科学巨匠的母校。

《清明上河图》是我国国宝级的文物，也是我国十大传世名画之一。

画卷里那扑面而来的繁华的生活气息，折射着当时中国社会经济发展的昌盛。

5 米多长的画卷里，绘制了各色人物、房屋建筑、桥梁船只、骡马牲畜等，不仅有很高的艺术价值，还有着无可替代的历史研究价值。

《清明上河图》： 中国十大传世名画之一。由北宋画家张择端所画的北宋风俗画，以长卷形式及散点透视构图法，生动记录了北宋都城汴京的城市面貌和当时各阶层人民的生活状况，是汴京繁荣的见证。有趣的是，我们在画中发现了酒楼伙计拎着食盒送饭的场景，说明外卖小哥在北宋时就有啦。

海上丝绸之路： 古代中国与外国交通贸易和文化交往的海上通道，也称“海上陶瓷之路”“海上香料之路”。宋元时期，造船技术和指南针的广泛应用，将海上丝绸之路带入鼎盛时期，这时交易的商品已经由丝绸变为瓷器，沿线国家也开始以陶瓷代称中国。海上丝绸之路经历了六个时期，分别是：开创期——先秦；形成期——秦汉；发展期——魏晋；繁盛期——隋唐；鼎盛期——宋元；衰落期——明清。

时间轴

公元 918 年：高丽国建立。

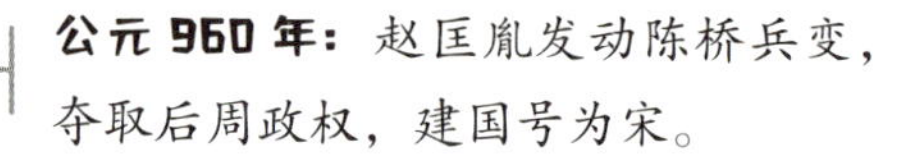

公元 960 年：赵匡胤发动陈桥兵变，夺取后周政权，建国号为宋。

公元 962 年：东法兰克国王奥托一世加冕为神圣罗马帝国皇帝。

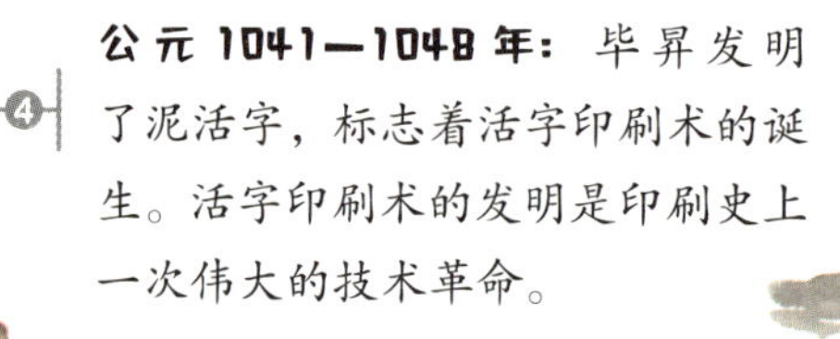

公元 1041—1048 年：毕昇发明了泥活字，标志着活字印刷术的诞生。活字印刷术的发明是印刷史上一次伟大的技术革命。

公元 1069 年：王安石变法，改革目的是发展生产，富国强兵，挽救宋朝的政治危机。

公元 1096 年：第一次十字军东征开始。

公元 1140 年：金伐南宋战败。之后，岳飞北伐连败金军，逼近开封，攻至朱仙镇，却因南宋朝内政敌忌惮，被十二道金牌召回。

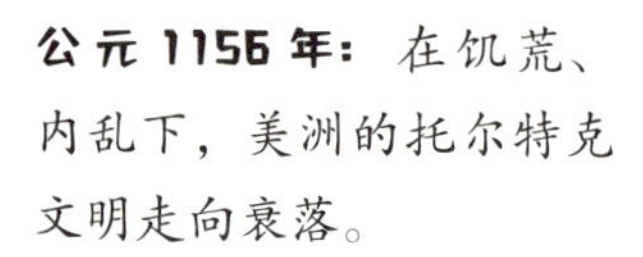

公元 1156 年：在饥荒、内乱下，美洲的托尔特克文明走向衰落。

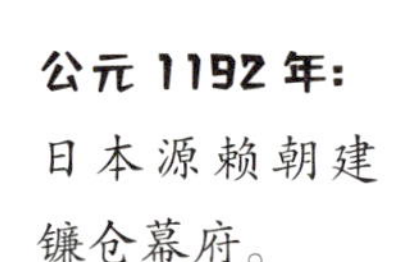

公元 1192 年：日本源赖朝建镰仓幕府。

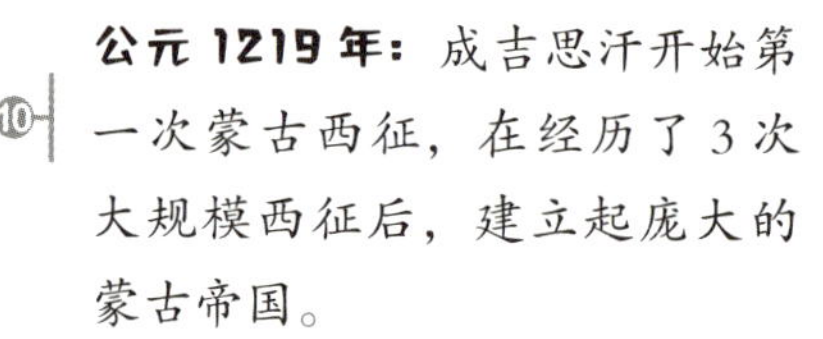

公元 1219 年：成吉思汗开始第一次蒙古西征，在经历了 3 次大规模西征后，建立起庞大的蒙古帝国。

武士像巨型石柱体现了托尔特克人精湛的雕刻艺术。

五代十国大乱炖

五代十国存在于唐末到宋初，政权更迭频繁，是中国历史上一段大分裂时期。这一时期发生了很多事儿，也成就了很多人。现在，就请他们依次登场，重现那段他们亲手书写的历史吧。

朱温： 参加黄巢起义起家，后来投诚唐朝，再后来手里有兵了，一不小心就把唐朝给灭了，建立了后梁。

唉，都怪后世子孙不给力，天下大业才三代就玩完了。

李存勖（xù）： 西突厥沙陀族。由于也姓李，认为自己是唐朝合法继承者，于是在灭了后梁之后，沿用了“唐”的国号，建立了后唐。

我的后唐是五代时期疆域最辽阔、实力最强的！

石敬瑭： 由于君臣之间的猜疑，被迫起兵造反，结果实力相差悬殊，遂向契丹求救，以割让幽云十六州（今河北、山西一带）、做“儿皇帝”为代价，灭了后唐，建立后晋。他卖国求荣、认贼作父的行为，为后人所不齿。

刘知远： 曾追随石敬瑭，他看不惯石敬瑭认契丹作父，于是暗中积蓄力量。时机成熟时，一举灭了后晋，赶走了契丹，建立后汉。

郭威： 曾协助刘知远称帝，后来刘承祐继位，对郭威百般猜忌，甚至还杀了郭威全家。郭威一怒之下起兵造反，黄袍加身，建立后周。

同是黄袍加身，一个受人尊敬，一个遭人微词。

五代始于后梁，后有后唐、后晋、后汉、后周依次取代，最终在赵匡胤黄袍加身后宣告结束，这就是中国历史上的五代。

而十国，则是在同一时期，存在于南方的九个割据政权，即南吴、南唐、吴越、前蜀、后蜀、南汉、闽、南平、南楚，还有北方的北汉。其中南唐实力最强，原本最有希望统一南方，可惜出了一位只专注艺术的后主李煜（yù）。其中最晚灭亡的是北汉，北汉被宋灭后，五代十国的割据时期也正式结束。

8 星辰大海——大航海时代

1300—1600 年

这是发现新大陆的时代，也是一个强国对外交流和扩张的时代。

达·伽马发现了从欧洲经好望角通往印度的航线；哥伦布发现了美洲大陆；郑和七次下西洋，展示大明朝强盛的国力。

处于战乱中的日本、英国、法国，此时只能默默做吃瓜群众了。

·英法百年战争·

公元 1337 年到 1453 年，因王位继承和领土问题，
英国和法国展开了一场长达 116 年之久的战争，
史称“百年战争”。
这段战争中最著名的人物就是圣女贞德。
1429 年，少女贞德带领军队反击英军，
解放了奥尔良全境。
后来贵族和其他将领担心贞德的影响扩大，
设计使贞德被俘，
并将她交给英国，最终以女巫的罪名将她烧死。

·哥伦布发现新大陆·

1492 年，航海家哥伦布从西班牙的巴罗斯港出航，
开启了他的四次航行，
发现了震惊欧洲的美洲大陆。
哥伦布的“发现”，
为西班牙后来的殖民掠夺奠定了基础。

·达·伽马到印度·

瓦斯科·达·伽马，
是葡萄牙的航海家、探险家，
他开通了从欧洲绕好望角到印度的航路，
是葡萄牙和欧洲其他国家在
亚洲从事殖民活动的开端。

·郑和七次下西洋·

为了加强和海外其他国家的往来，
明成祖朱棣派宦官郑和出使西洋。
郑和下西洋首次航行始于 1405 年，
最后一次航行结束于 1433 年，前后共计 7 次。
到达了亚洲、非洲的 30 多个国家和地区，
促进了亚洲、非洲各国间的
经济交流与合作。

文艺复兴和中国艺术家们

对统治阶级的反抗

文艺复兴： 发生在14世纪到17世纪的欧洲思想文化运动，当时社会正处于中世纪的“黑暗时代”，文化、艺术、科学都在衰败湮没，直到14世纪后才获得“再生”与“复兴”。

我游历了地狱和天国，
发现了社会和人性的真理。

但丁

但丁和《神曲》： 文艺复兴的开拓者是意大利的诗人——但丁，他被誉为中世纪的最后一位诗人，同时又是新时代的第一位诗人。

他的代表作《神曲》，由《地狱》《炼狱》《天国》三部分组成，讲述了一位名叫但丁的主角穿越地狱、炼狱，最后到达天国的经历。

除了蒙娜丽莎，
我的微笑也很美哦！

达·芬奇

达·芬奇： 意大利文艺复兴时期的画家、科学家、发明家，他被后人称为“文艺复兴时期最完美的代表”。在他众多的成就中，最为人们所熟知的，就是他的绘画作品《蒙娜丽莎》和《最后的晚餐》。

米开朗琪罗

米开朗琪罗： 文艺复兴时期雕塑艺术最高峰的代表，他的代表作是大理石雕塑《大卫》和西斯廷教堂巨型天顶壁画《创世纪》。后人们为了表达对他的尊敬，还以他的名字“米开朗琪罗”命名了小行星3001。

唐寅：字伯虎。修养广博，诗书画俱佳，古今皆能，不拘一格，也被称为“江南第一才子”。

仇英：擅长山水和人物画，博采众家之长，创造出属于自己独特的绘画风格。

明四大家：指明代四位著名的画家：沈周、文徵（zhēng）明、唐寅（yín）和仇英。因为四人都是苏州人，所以又被称为“吴门四杰”。

文徵明：拜沈周为师，所以绘画风格上也受沈周影响很大。他酷爱画兰竹，既擅工笔又擅水墨。

沈周：吴门画派的领袖，他的画作构图严谨、笔法工整，以山水和花鸟画成就突出。

元曲四大家：指关汉卿、白朴、郑光祖、马致远四位元代杂剧作家。四个人代表了元代不同时期不同流派杂剧创作的成就。

马致远：自幼饱读诗书，擅长古典悲剧，《破幽梦孤雁汉宫秋》被称作元曲四大悲剧之一。

白朴：辞藻优美，善写才人韵事。代表作《唐明皇秋夜梧桐雨》描写了唐明皇和杨贵妃的爱情故事。

关汉卿：“元曲四大家”之首，他是我国戏剧史上成就最大的作者。代表作品是揭露社会腐朽黑暗的杂剧《窦娥冤》。

郑光祖：从小就受到戏剧艺术的熏陶，青年时期置身于杂剧活动，享有盛誉。受《西厢记》的影响，他创作出了著名代表作《迷青琐倩女离魂》。

魔法城堡和东方紫禁城

那些古老伟大的建筑，见证过众生或平凡或辉煌或跌宕的一生。时光流转，那些斑驳的印记仿佛拥有魔法，正在低调地记录着人类的历史。

伊丽莎白一世和威斯敏斯特教堂： 1559 年，威斯敏斯特教堂里，大主教将王冕戴在了伊丽莎白的头上，伊丽莎白被正式加冕为英格兰的女王。那时的英格兰是欧洲最强大的国家之一，涌现出了如莎士比亚、培根等一批著名人物。伊丽莎白时代被称为“黄金时代”。

伊丽莎白一世终生未嫁，也被称为“童贞女王”“荣光女王”“英明女王”。

安尼克城堡： 11 世纪诺曼人入侵英格兰之后，把城堡这种建筑带到了英国。1377 年，查理二世加冕时，忠心耿耿的珀西家族被封为诺森伯兰伯爵（英国封爵贵族），并入驻安尼克城堡。

城堡依山傍水，规模宏伟，因此成为许多电影的拍摄地。大家熟悉的系列电影《哈利·波特》中霍格沃兹魔法学校的外景就是在这里拍摄的哦！

红墙、金瓦，从皇帝的居所到旅游景点，从封建王朝到当今盛世，紫禁城见证了历史的兴衰交替和如今的大国之姿。

有一条道，也和紫禁城一样，在历史上熠熠生辉。这条古道路途险阻，却散发着悠悠茶香，在马匹的嘶鸣中，见证了历史的变迁。

紫禁城： 1406年，明成祖朱棣下诏开始修建，1420年建成，成为明清两朝24位皇帝的居所。古代皇帝都被称为天帝的儿子，“紫”代表着紫微垣正中，是所有星宿的中心，象征着帝王之家的高贵和威严。而皇帝居住的地方，自然是戒备森严，常人难以接近，故被称为“紫禁”。

茶马古道： 兴于唐宋时期，是内地和边疆进行茶马贸易的一条商贸通道。古时候住在边疆高寒地区的人们需要摄入高热量的脂肪，为了降燥和分解脂肪，便有了喝茶的习惯，可是边疆附近不产茶。而那时候内地需要大量的马匹，正好边疆地区产良马。于是茶、马交易的古道应运而生。

时间轴

① **1337年：** 英法百年战争开始。

② **1405—1433年：** 郑和七次下西洋，拜访了30多个国家和地区。

③ **1408年：** 明成祖朱棣亲自作序并赐名的《永乐大典》抄写完毕，约3.7亿字，是我国历史上规模最大的百科全书。

④ **1452—1519年：** 画家、科学家、发明家达·芬奇在世。

⑤ **1475—1564年：** 艺术家、建筑师、诗人米开朗琪罗在世。

⑥ **1483—1520年：** 与达·芬奇、米开朗琪罗并称为『文艺复兴三杰』的画家拉斐尔在世，他曾创作了大量流传于世的圣母像。

⑦ **1488年：** 葡萄牙航海家迪亚士发现并到达非洲大陆最南端的好望角。

⑧ **1492年：** 哥伦布航行发现美洲大陆，当时却以为所到之地是亚洲。

⑨ **1543年：** 波兰天文学家、数学家、神父哥白尼发表《天体运行论》，创立日心说。

⑩ **1564年：** 明朝名将戚继光领导军民抗倭胜利。

文艺复兴之作品连连看

拉斐尔：意大利著名画家，创作出许多著名圣母像。他的作品充满美和恬静。

薄伽丘：意大利作家、诗人。他创作了世界上第一部短篇小说集，可与但丁的《神曲》媲美，被称为《人曲》。

伊拉斯谟：荷兰著名的人文主义学者、哲学家，创作出文学史上最为精彩的讽刺体篇章。

莎士比亚：英国剧作家、诗人。作品揭示人性中的善与恶，在矛盾冲突中展现人性的闪光点。

塞万提斯：西班牙作家、诗人。他的代表作是西班牙古典艺术的高峰，是欧洲文学史上第一部现代小说，也是全世界翻译版本最多的作品之一。

莫尔：英国伟大的哲学家、政治家，空想社会主义学说的创始人，他在作品里详细地描绘了自己理想中的社会。

戏剧
《罗密欧与朱丽叶》

讽刺作品
《愚人颂》

油画
《西斯廷圣母》

反骑士小说
《唐·吉诃德》

短篇小说集
《十日谈》

游记
《乌托邦》

9 资本主义的萌芽

1600—1750 年

新的生产技术推动了资本主义萌芽的产生，英、俄等国家率先进入了高速发展时期，综合国力不断变强，并开启了侵略其他弱国的野心之旅！

·英国东印度公司：世界上第一家股份公司·

全名是“伦敦商人在东印度贸易的公司”，
创建于 1600 年。
伊丽莎白女王给予该公司对东印度 21 年的贸易垄断权，
所以它拥有自己的武装部队，
还有收税、铸造货币、缔结盟约等权力，
是当时印度的实际主宰者。

·弗吉尼亚：英国在北美建立的第一个殖民地·

1607 年，英国的弗吉尼亚公司组织首批移民迁往北美，
在詹姆斯河河口处建立定居点，开启了对第一个殖民地弗吉尼亚的统治。
要发展经济，仅凭移民无法满足生产力的要求，
于是开始了奴隶贸易。
直到 1865 年，长达两百多年的奴隶制才被废除。

·英格兰共和国：唯一统治过全英国的共和制政府·

查理一世和议会之间的矛盾引发了英国内战，
克伦威尔作为议会一员，
在 1649 年以“暴君、叛徒、杀人犯和人民公敌”的
罪名处死了查理一世，建立了英格兰共和国。
但实际上克伦威尔也实行独裁统治，再次引起议会的不满。
1660 年，查理一世的儿子查理二世复位，
英国结束了短暂的共和制，恢复君主制。

·罗曼诺夫王朝：俄国历史上最强盛的王朝·

1613 年，16 岁的米哈伊尔·费奥多罗维奇·罗曼诺夫
被议会推举成为新沙皇。
当时米哈伊尔和母亲生活在伊帕季耶夫修道院，
使者来修道院请新沙皇，
从此开启了罗曼诺夫王朝时代。

·郑成功收复台湾·

1661 年，著名将领郑成功率 2.5 万名兵将，
乘船越过台湾海峡，
从荷兰殖民者手里收复了沦陷 38 年的中国领土台湾。
这场战争赶走了驻扎在台湾的荷兰东印度公司，
建立了台湾第一个汉人政权，
开启了明郑政权在台湾的统治时代。

欧洲各国皇室更迭的腥风血雨

资本主义的出现，冲击着各国的政权，尤其是英法等君主制国家。原本高高在上，手握大权的君主地位发生动荡，皇权不断更迭。

这期间出现了许多我们耳熟能详的历史人物。

查理二世

斯图亚特王朝复辟：克伦威尔去世后，英国军队和议会都想争夺权力。当时驻扎在苏格兰的蒙克将军和流亡法国的查理一世的儿子查理·斯图亚特达成复辟协议。1660 年，查理重返伦敦，登基即位，称查理二世。查理二世喜欢赛马，现在赛马的很多规则，就是他制定的。

路易十四：在位长达 72 年 110 天，是在位最久的主权国家君主。而且据说高跟鞋就是身材矮小的他为了适应宫廷舞会发明的呢。

法国王权全盛期：1643 年，年仅 5 岁的路易十四即位。后来在他的统治下，法国王权进入全盛期。为了集中政治权力，他建造凡尔赛宫，让贵族们作为宫廷成员居住在凡尔赛宫，借此削弱他们的权力。

凡尔赛宫

雍正： 每天4点起床上班，每年只有生日那天休假，是清朝最勤奋的皇帝。

康熙： 我国古代历史上在位时间最长的一位皇帝。

乾隆： 一生写了4万多首诗，还组织编纂了《四库全书》。

清军入关： 1644年，摄政王多尔衮率领清军南下，到达山海关后，明朝将领吴三桂开关，和清军合力打败闯王李自成。同年，清朝定都北京。

野史提到，吴三桂一开始是想投诚李自成的，爱妾陈圆圆却被李自成部下掳走，以此要挟他，于是吴三桂一怒之下选择和清军合作。

平定三藩： 三藩是指镇守云南的平西王吴三桂、镇守广东的平南王尚可喜、镇守福建的靖南王耿精忠所控制的地方势力。三王的权力远超当地官员，还有自己的军队，势力不断扩大。康熙决定撤掉三藩，引起三藩不满，起兵造反。

清政府耗时8年，最终平定三藩之乱。

康乾盛世： 自1713年开始，康熙、雍正、乾隆3位帝王统治的134年间，是清朝的鼎盛时期，也是中国封建王朝的最后一个盛世。这期间，清政府统一蒙古、东北、新疆、西藏、台湾，实现了中华民族的大一统。

中国人口也在这期间首次破亿，为日后成为人口大国奠定了基础。

科技新发明改变人类

这一时期层出不穷的科技新发明，改变了人们的生活方式，至今仍影响着我们。如电力的应用、万有引力被发现、蒸汽机的发明……都将人类文明带到了一个新高度。

万有引力：1665年，英国科学家牛顿坐在果园的苹果树下乘凉，一颗苹果从树上掉了下来，引起了他对这一现象的思考。于是他开始了长达20年的实验、观测和演算。

1685年，牛顿提出了“万有引力”这个概念，并在1687年发表的《自然哲学的数学原理》一书中提出了著名的“万有引力定律”。

电和磁：1600年，英国人吉尔伯特经过多年研究，终于完成了著名的《论磁》一书，对磁现象的研究做出了巨大贡献。1746年，荷兰莱顿大学教授马森布洛克发明了可储静电的莱顿瓶，标志着人们开始对电的本质和特性进行研究。

工业蒸汽机问世：1698年，英国工程师托马斯·塞维利制造了一台应用于矿井抽水的蒸汽机，这是人类首次把蒸汽作为动力。不过这台机器还不完善，后经纽科门和瓦特的改良，蒸汽机被广泛应用，拉开了划时代的序幕。

中国在这一时期的科技发展相对落后，即使智慧的古人发明了连珠火铳（chòng），却因统治者的不重视，错过了它在军事防备领域的应用机会。

但，中国的文化依旧在世界上大放异彩！

曹雪芹和《红楼梦》：《红楼梦》是我国四大名著之一，故事以贾、史、王、薛四大家族的兴衰为背景，围绕贾宝玉与林黛玉、薛宝钗的爱情婚姻悲剧，展现古代世家大族子弟，尤其是闺阁小姐们的人生百态。

作者曹雪芹的家族曾任职江宁织造（明清两朝在南京设局织造宫廷所需丝织品的皇商）长达59年。曹雪芹小时候的生活富贵奢华，后来家道逐渐衰败。曹雪芹在贫困之中，以自己和家族败落为素材，创作了《红楼梦》。

《康熙字典》：公元1710年，由总纂官张玉书、陈廷敬主持编撰，在明朝《字汇》《正字通》两书的基础上加以增订，1716年成书。因是清朝康熙年间编写的，所以叫作《康熙字典》，共收录汉字47035个，为汉字研究的主要参考文献之一。

连珠火铳：也叫二十八连珠火铳。由清朝火器制造家戴梓发明，是当时世界上最先进的火器，原理和今天的机关枪有些类似，但当时的统治者康熙帝担心这种武器会威胁自己的安全，不仅没有推广，还将其销毁了。

时间轴

1. 1603年：德川家康在江户（今东京）开设幕府，是日本历史上最后一个武家统治幕府。
2. 1624年：英国人在北美建立第一个殖民地，弗吉尼亚。
3. 1643年：法国路易十四即位。
4. 1644年：明朝灭亡。
5. 1649年：查理一世被处死，克伦威尔建立英格兰共和国。
6. 1653年：印度莫卧儿皇帝沙·贾汗为纪念妻子，修建了著名的『印度明珠』泰姬陵。
7. 1660年：英国改回君主制，斯图亚特王朝复辟，查理二世即位。
8. 1672年：牛顿发现万有引力定律。
9. 1688年：清政府用红衣大炮赶走了沙俄侵略者，收复雅克萨。
10. 1689年：《权利法案》正式实施，英国建立君主立宪制，国王进入『统而不治』的时代。

中国 & 英国
服装、美食大盘点

清代汉、满女子的穿着风格不同，汉族女子多穿小袖衣和长裙，长裙会一直到脚面。满族女子的短装有琵琶襟、大襟和对襟等几种不同形式，相应地搭配裙或裤子。

清代男子主要穿着长袍和马褂，袖口呈马蹄形的设计，这是历代从未有过的。皇室贵族为了方便骑射，长袍会四面开衩，平民则是左右两侧开衩。

清代最出名的美食当然是满汉全席啦！满汉全席是集满族与汉族菜点精华而成的108道特色佳肴。烧烤、火锅、扒、炸、炒、熘、烧……各种烹饪方式轮流登场，称得上是历史上最著名的宫廷大宴啦。

这一时期，英国女孩子的裙子第一次卸掉了裙撑，让裙子可以自然地下垂。她们将外裙向两边拉起，露出精致华丽的衬裙。这也十分考验色彩和图案搭配的功底呢！

英国男子在这时期热衷于留长头发，服饰上也大胆采用蕾丝边做装饰，还在路易十四的带领下穿起了高跟鞋。

英国在这个时期最常见的食物是鱼和羊肉，而饮料则是麦芽啤酒；这时期还出现了甜品“布丁”，不过跟我们现在吃的布丁不太一样，是用水果和燕麦粥混合而成的。

10 资本主义时代的开始和封建时代的结束

1750年—20世纪

工业革命开启了资本主义时代的浪潮，率先进入资本主义社会的英国、法国等，综合国力不断增强，野心勃勃地对其他国家进行侵略和殖民。而中国此时却因为闭关锁国的统治陷入了落后挨打的境地。

·英国工业革命·

18世纪60年代，改良后的珍妮纺纱机、瓦特蒸汽机在英国被广泛使用，
原本的手工业被大机器工业代替，
英国的综合实力飞速提升。
这一时期，普通的工人家庭不仅每周可以吃一次肉，
还可以买土豆、黄油、牛奶、茶叶、咖啡等商品。

·法国大革命·

1789年7月，因连年粮食短缺、工厂倒闭而生活艰难的民众，
对法国政府彻底失望。
人们闯入凡尔赛宫，赶走了法国国王路易十六。
1793年，人民将路易十六送上了断头台，波旁王朝土崩瓦解。

·美国独立战争·

英国打败法国，抢到北美殖民地的控制权后，不断对殖民地进行压榨和剥削。
1775年，北美十三州殖民地革命者带领民众进行反抗，莱克星顿之战正式揭开了美国独立战争的序幕。
1776年，大陆会议通过《独立宣言》，宣告了美国的诞生。

莱克星顿的枪声

北美本土士兵自发进行反抗

美国独立战争拉开序幕

·虎门销烟·

1839 年，清政府委任钦差大臣林则徐到广州查禁鸦片。
林则徐的禁烟行动，将鸦片贩卖者和吸食者一扫而空，
并在虎门海滩当众销毁收缴的鸦片。
虎门销烟共计销毁鸦片 19187 箱和 2119 袋，
总重量 2376254 斤，历时 23 天。
6 月 26 日销烟结束，而这天后来被定为国际禁毒日。

·火烧圆明园·

1860 年，英法联军对以圆明园为代表的西郊皇家园林
进行了疯狂大洗劫，
被掠夺的文物约有 150 万件。
为了掩盖这种强盗罪行，
他们纵火焚烧，大火连烧了三天三夜，
将三山五园烧成一片废墟。

（三山五园：是北京以清代皇家园林为代表的历史文化遗产的统称。三山是指万寿山、香山、玉泉山，五园是指颐和园、静宜园、静明园、畅春园和圆明园。）

坐在权力王座上的人

我废除了幕府制度，将日本建为亚洲的第一个资本主义国家。
明治天皇

我建立了法兰西第一帝国，西方资本主义国家的社会秩序就是我制定的。我的一生就是传奇。
拿破仑

权力都是浮云，早点退休才能享受人生。
华盛顿

拿破仑：被法国人叫作“法国人的皇帝”。他加冕称帝后，镇压国内反动势力，颁布《拿破仑法典》，并率军对外征战扩张，一度成为意大利国王、莱茵联邦的保护者、瑞士联邦的仲裁者、法兰西帝国殖民领主。最辉煌的时候，欧洲除英国外，其他国家都向他臣服。

都说拿破仑是个矮子国王，实际上拿破仑的身高将近 1.7 米，在当时并不算矮。这个谣言或许是他的反对者实在找不到可以攻击他的地方，所以只能从身高上造谣了吧。

明治维新：日本在西方坚船利炮的冲击之下，结束了长达 600 多年的幕府统治。明治维新是日本由封建社会向资本主义社会转变的改革运动。1871 年，日本建立了中央集权政府。

华盛顿：美国首任总统。他带头反对英国的殖民统治，在美国独立战争中任大陆军总司令。1789 年，华盛顿当选美国总统。1797 年，连任两届的华盛顿自愿放弃了第三次续任，选择隐退，过平静的生活。目前市面上 1 美元纸钞上印的人物就是华盛顿。

戊戌六君子

戊戌变法：又称百日维新、维新变法、维新运动。1898 年，世界上已经开始了第二次工业革命，资本主义国家实力位居前列。

以谭嗣同、康广仁、林旭、杨深秀、杨锐、刘光第为代表的戊戌六君子，以及康有为、梁启超等维新派人士倡导学习西方的科学文化，改革政治、教育制度，大力发展农、工、商业。虽然戊戌变法得到了光绪帝的支持，但这损害了守旧派的利益。

1898 年，慈禧太后囚禁光绪帝，杀害戊戌六君子，只进行了 103 天的戊戌变法宣告失败。

洋务运动：洋务运动，又称自强运动。是晚清洋务派主张引进西方军事装备、先进科技和机器生产技术，来改变国家状况、挽救清朝统治的自救运动。

洋务运动历时 30 余年，虽然最后失败了，但也促使中国出现了第一批近代企业，推动了中国近代化道路的探索。

思想家和发明家之间的碰撞

每当社会发生重大变革，必然少不了影响时代的风云人物。

比如被誉为“法兰西思想之王”“法兰西最优秀的诗人”的伏尔泰，又比如启蒙运动最卓越的代表人物——文学家卢梭……他们的作品或天马行空、波澜壮阔，或逻辑严谨、构想空前，用精神的力量指引着这个时代的发展。

这个时代除了思想家，还有实干家。

被誉为“铁路机车之父”的斯蒂芬森、被称为“电影之父”的卢米埃尔兄弟……他们用智慧打造的精妙之物，为人类生活掀开了未来科技的新篇章。

斯蒂芬森： 1814 年，英国人斯蒂芬森发明了第一台蒸汽机车，车子需要用燃烧的煤产生热能，再转化为机械能，从而带动车子前进，于是斯蒂芬森给这个大家伙起名“火车”，这个名字也被沿用至今。

卢米埃尔兄弟： 1887 年，法国卢米埃尔兄弟通过改造爱迪生的“西洋镜”，成功制成了第一台手调电影放映机。1895 年 12 月 28 日，卢米埃尔兄弟在巴黎的咖啡馆举行了世界上第一次电影放映。后来，人们把这一天定为电影诞生日，卢米埃尔兄弟也被称为“现代电影之父”。

世界上第一次电影放映

卢梭： 18 世纪法国启蒙运动代表人物之一，民主政论家和浪漫主义文学流派的开创者。知名著作有《论人类不平等的起源和基础》《社会契约论》《爱弥儿》《忏悔录》等。

据说他是启蒙运动中粉丝最多的一个，在法国大革命期间，几乎所有的革命领袖都自称是他的弟子，一不小心就桃李满巴黎了呢。

伏尔泰： 18 世纪法国启蒙运动的泰斗，他反对君主专制，主张言论自由，被誉为“法兰西思想之王”“法兰西最优秀的诗人”“欧洲的良心”。伏尔泰还是著名的文学家、哲学家，代表作有《哲学通信》《路易十四时代》《老实人》等。

伏尔泰有着强烈的“中国情结”，尤其推崇孔子。他在《论孔子》中写道：“没有任何立法者比孔夫子曾对世界宣布了更有用的真理。”

这一时期，延续上千年的封建统治正式宣告结束，大批有志之士开始探索救国救民、对抗列强的道路。

孙中山领导的辛亥革命，宣告中国最后一个封建王朝清朝的结束。

李大钊、陈独秀等人创立中国共产党，掀起轰轰烈烈的革命运动。在共产党的带领下，中国从黑暗贫穷走向光明富强！

唐胥（xū）铁路： 为了把煤炭可以运到最近的港口，从而实现装船运煤，李鸿章奏请清政府修建铁路。

1881 年，经清政府同意，唐胥铁路（唐山至胥各庄）正式动工，这段全长只有 9.67 公里的铁路，是中国自建的第一条货运铁路。

辛亥革命： 1911 年 10 月，孙中山领导发动辛亥革命。他提出“振兴中华”，树立民族、民权和民生的“三民主义”，迅速推翻清王朝的封建统治，为中国最后一个封建王朝画上句号。

辛亥革命永远是中华民族伟大复兴征程上一座巍然屹立的里程碑。

李大钊： 中国最早的马克思主义传播者，中国共产党的主要创始人之一，曾说过那句无比振奋人心的预言——“试看将来的环球，必是赤旗的世界！”

他先后主持参与《言治》《神州学丛》《晨钟报》等杂志报纸的编辑，曾写名联：“铁肩担道义，妙手著文章。”

他一生追求革命真理、民族独立和人民解放，始终把个人生死置之度外，牺牲时年仅 38 岁。

南湖画舫： 1921 年 7 月，中国共产党第一次全国代表大会在上海秘密举行，其间因法国巡捕突然搜查被迫休会。代表们转移到嘉兴，在南湖的一艘画舫上完成了中共“一大”会议。这艘游船见证了中国共产党的诞生。

时间轴

1765 年： 英国织布工哈格里夫斯发明了“珍妮纺织机”，标志着第一次工业革命开始。

1775 年： 美国独立战争爆发。

1804 年： 拿破仑加冕称帝，将“法兰西共和国”变成“法兰西帝国”。

1840 年： 中英鸦片战争爆发。

1848 年： 马克思和恩格斯共同完成的《共产党宣言》问世。

1879 年： 通过改良，爱迪生成功制成第一盏有实用价值的电灯。

1896 年： 第一届现代奥运会于希腊雅典举行。

1903 年： 莱特兄弟驾驶世界上第一架飞机“飞行者一号”完成人类首次飞行。

1912 年： 清帝溥仪退位，中国就此结束君主专制制度。

泰坦尼克号沉没。

泰坦尼克号

1914 年： 第一次世界大战爆发。这是各大帝国之间为了瓜分世界和争夺霸权而爆发的世界级战争。

1921 年： 中国共产党在上海成立。

中国共产党第一次全国代表大会会址

新篇

西方各国在这一时期拿到了资本主义发展的红利，不断欺压弱小国家，掠夺资源。但自推翻清政府，进入新中国后，我们吸取了历史教训，从未停止过发展的脚步。

今天的中国，早已凤凰涅槃，浴火重生！

1. 航天成就

1970 年，中国成功发射第一颗人造地球卫星——“东方红一号”。

2008 年，中国神舟七号载人飞船飞行圆满成功，中国宇航员首次进行了出舱活动。

2022 年，神舟十三号载人飞船首次长期在轨停靠 6 个月，实现 4 个载人航天器形成组合体长期在轨飞行。

2. 军事成就

1960 年 11 月 5 日，中国第一枚近程地地导弹发射成功。

1964 年 10 月 16 日 15 时，中国第一颗原子弹爆炸成功。

1967 年 6 月 17 日上午 8 时，中国第一颗氢弹空爆试验成功。

“两弹一星（即原子弹、导弹、人造卫星）”事业的成功，极大地提高了中国在国际上的地位和影响力。

3. 医学成就

2015 年 10 月，屠呦呦获得了诺贝尔生理学或医学奖。她发现并提取的青蒿（hāo）素，是治疗疟疾最有效的药物，大大降低了死亡率。因此，屠呦呦成为首获科学类诺贝尔奖的中国本土科学家。

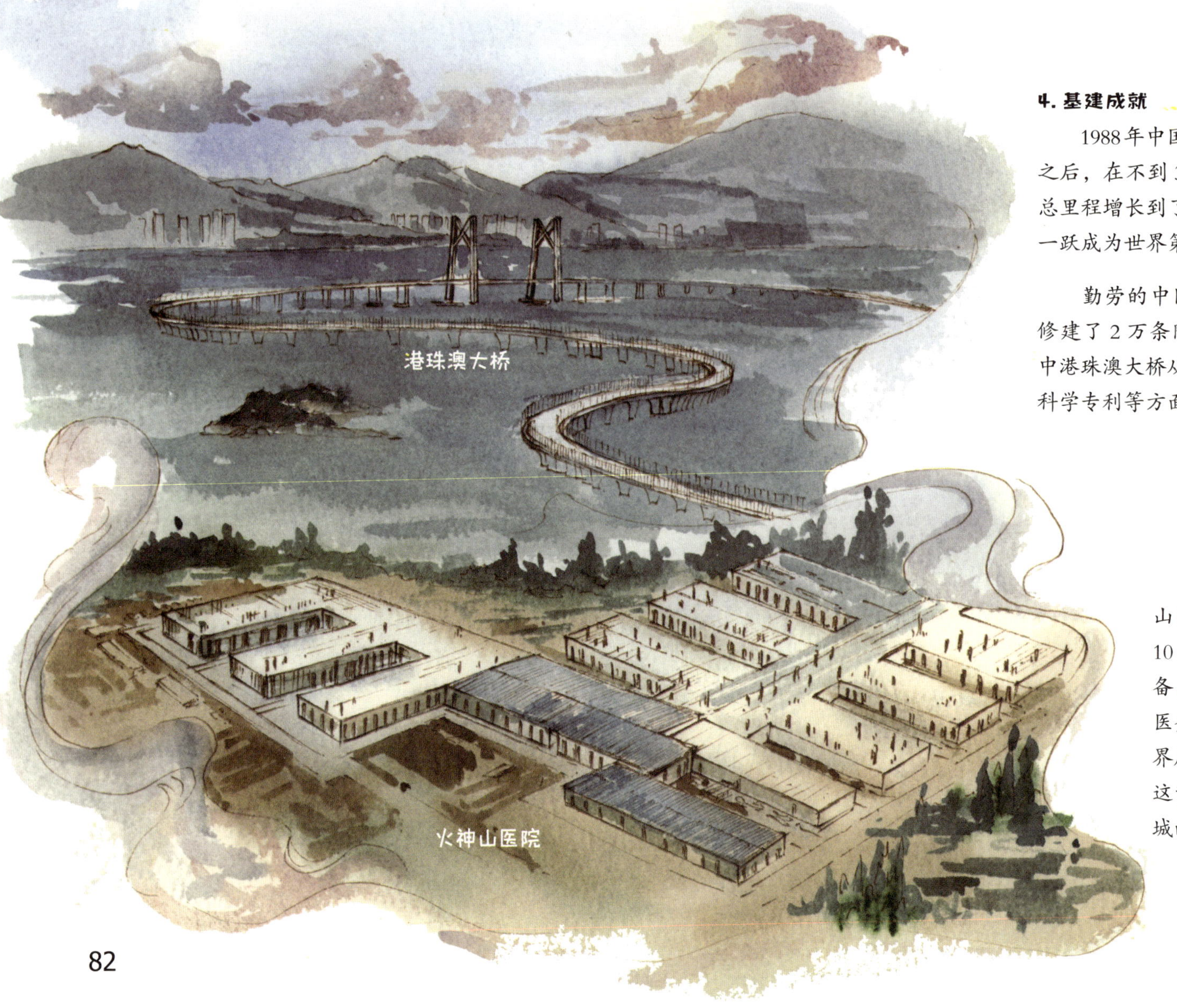

4. 基建成就

1988年中国大陆第一条高速公路建成通车。之后，在不到 30 年的时间里，中国的高速公路总里程增长到了 14 万千米，超过美国、加拿大，一跃成为世界第一。

勤劳的中国人民，逢山开路，遇水架桥，修建了 2 万条隧道和超过 100 万座的桥梁。其中港珠澳大桥从里程长度、隧道深度、技术含量、科学专利等方面创造了多项世界纪录！

2020 年 1 月 23 日，武汉火神山医院再次创造基建奇迹！仅用 10 天，就建成了一座医疗设施齐备，可容纳 1000 张床位、2000 名医务人员的现代化医院，再次向世界展现了坚不可摧的中国力量！而这背后，是亿万并肩作战、众志成城的中国人！